초등 사회성 수업

KB067077

──────────── 님의 소중한 미래를 위해
이 책을 드립니다.

초등
사회성
수업

사회성이 아이의 미래를 결정한다

한국아동청소년심리상담센터
이향숙 · 김경은 · 서보라 공저

메이트북스

메이트북스 우리는 책이 독자를 위한 것임을 잊지 않는다.
우리는 독자의 꿈을 사랑하고,
그 꿈이 실현될 수 있는 도구를 세상에 내놓는다.

초등 사회성 수업

초판 1쇄 발행 2020년 1월 2일 **| 초판 5쇄 발행** 2024년 5월 3일
지은이 한국아동청소년심리상담센터 이향숙·김경은·서보라 공저
펴낸곳 (주)원앤원콘텐츠그룹 **| 펴낸이** 강현규·정영훈
편집 안정연·신주식·이지은 **| 디자인** 최선희
마케팅 김형진·이선미·정재훈 **| 경영지원** 최향숙
등록번호 제301-2006-001호 **| 등록일자** 2013년 5월 24일
주소 04607 서울시 중구 다산로 139 랜더스빌딩 5층 **| 전화** (02)2234-7117
팩스 (02)2234-1086 **| 홈페이지** www.matebooks.co.kr **| 이메일** khg0109@hanmail.net
값 15,000원 **| ISBN** 979-11-6002-266-7 03370

이 도서의 국립중앙도서관 출판시도서목록(CIP)은 e-CIP홈페이지(http://www.nl.go.kr/ecip)에서
이용하실 수 있습니다.(CIP제어번호 : CIP2019049543)

사회성을 가르치는 것은
'더불어 함께 서기'를 가르치는 것이다.

• 폴커 프리벨(심리학 박사) •

사회성은 아이 혼자만의 힘으로
길러질 수 없다

어느덧 아동, 청소년 그리고 가족에 대한 상담을 한 지 20여 년이 흘렀습니다. 그 기간 동안 늘 사회성 집단에 대한 연구와 치료를 병행해왔습니다. 그 이유는, 대다수 개인과 관계에서 어려움이 있는 분들이 개인의 문제가 해결될지라도 결국은 관계 속에서도 잘 지내야 하며, 그래야 완전한 치료에 더 접근한 것이라는 믿음 때문입니다.

사람은 본능적으로 관계에 대한 욕구를 가지고 태어나며, 아이들은 관계에 대한 경험을 부모로부터 배우게 되어 있습니다. 경험에 따르면, 사회성이 부족한 아이들은 많은 경우 불안정 애착 문제가 있었습니다. 친구관계가 어려운 아이들은 많은 경우 부모님과의 관계가 좋지 않았으며, 그 부모님의 부부간 관계 역시 좋지 않았습니다.

그래서 저는 부모님과의 초기 상담 때 우리가 아무리 치료를 잘해도 기질은 바꿀 수가 없으나 애착 유형은 변화될 수 있으니, 상담자와 부모님이 치료적 동맹을 맺어야 한다고 강조합니다. 사회성은 아이 혼자만의 힘으로 길러지거나 바뀔 수 있는 것이 아니며, 부모님과의 관계가 중요한 역할을 한다는 것을 이야기합니다.

결국 치료사의 치료 과정은 아이와 치료사의 관계를, 부모를 대리한 안정애착 관계로 만들어서 '세상은 믿을 수 있고 살 만한 것이라는 경험을 하게 하는 것'입니다. 애착 유형을 변화시키는 과정을 통해 '사랑받기에 충분한 나'라는 경험을 하게 하고, 사회성 프로그램 경험을 통해 '괜찮은 나'로서 인정받게 하는 것입니다. 이러한 경험을 통해 아이들은 자존감이 견고해집니다.

사회성은 관계 경험에 의해 개발되는 것이 가장 효과적입니다.

저는 사회성 치료 과정인 '사회성 집단' 활동을 하면서 아이들의 특성에 맞는 사회성 프로그램이 필요함을 느끼고, 제가 운영하는 한국아동청소년심리상담센터에서 전문가들과 함께 사회성 도구 개발과 프로그램을 만들어 운영하고 있습니다.

각 아이들의 특성에 맞는 활동들을 개발해 아이들이 놀이 경험을 통해 이해할 수 있고, 이해되는 프로그램을 만들어서 임상에 적용합니다. 또한 매주 비디오 분석을 통해서 각 아이들의 특성과 그 집단원들의 역동에 맞는 활동을 점검하고 다시 보완하는 과정을 거쳐왔습니다.

이 책은 그러한 작업의 결과물이라고 할 수 있습니다. 이 책은 현재 저희 상담센터에서 적용하고 있는 사회성 프로그램 중에서 '아동을 대상으로 한 사회성 프로그램'에 이론을 추가하고 실제 적용 방법을 수록하는 방식으로 서술했습니다. 이 책이 가정은 물론 관련 전공을 하거나 현장에서 치료를 하는 상담사님들에게도 도움이 되기를 바랍니다.

이런 책이 필요하다고 제안해주고 마침내 책이 나오기까지 애써준 메이트북스 관계자분들께 감사의 인사를 드립니다.

이 책은 아동을 대상으로 한 사회성 책입니다. 미흡한 점이 있지만 차후에 계속적인 연구를 통해 결과물이 쌓이게 되면 지속적으로 보완해 공부하는 분들이나 현장에서 적용하는 분들에게 더 많은 도움을 드릴 수 있도록 하겠습니다.

이 책에는 중간중간에 아이와의 실제 활동을 어떻게 해야 할지 동영상을 통해 쉽게 이해할 수 있도록 QR코드를 실었습니다. 실제 내담자들을 담을 수 없기에 대역으로 자신의 얼굴이 노출되는 것을 허락하고 도움을 준 저희 상담센터의 인턴 선생님들에게도 진심으로 감사의 마음을 전합니다.

대표 저자 이향숙

추 천 사

우리가 일생을 살아가면서 곧잘 대면하는 인간관계에서의 문제
나 자녀 양육의 문제, 또는 나 자신도 스스로 어찌지 못하는 문제
등에 대해 마치 옆에서 가까운 친구가 내 마음을 알고 이야기해
주듯 설명해주어 속이 후련해지는 책을 만났습니다.

아마도 이는 오랫동안 아동과 청소년, 가족에 대한 치료·상담
실을 운영하면서 늘 새롭게 보려는 자세로 연구를 계속해온 이향
숙 박사님의 열정과 그간 쌓인 임상 경험들이 이 책에 고스란히
어우러져 있기 때문일 것입니다. 어려운 이야기를 손에 잡힐 듯
묘사하면서도 깊이 있게 분석하고 대안을 마련해주는 책입니다.

사람의 겉모습에 그 사람의 성정이 드러나지만 글 역시 그 사
람을 은연중에 비춘다고 봅니다. 늘 긍정적이고 유쾌하면서도 똑
부러지게 정석을 추구하는 이향숙 박사님의 모습이 이 책에 그대
로 배어 있습니다.

박사님은 오랫동안 대학에서 유아교육학과와 아동복지학과 교수로 재직하면서 아동발달, 유아교육, 아동심리치료 관련 과목을 강의하셨습니다. 그러기에 영유아를 비롯해 아동, 청소년기에 이르기까지 발달에 대한 이해와 부모의 역할에 대한 폭넓은 식견이 이 책에 고스란히 담겨 있을 것입니다.

저는 이제는 다 나이 서른이 넘은 3남매를 둔 부모입니다. 저도 자녀의 불안하고 위축된 심리적 어려움을 극복해내기 위해 상담이나 병원치료비로 어지간한 경비를 지출한 시기가 있었습니다. 참으로 답답하고 서럽기까지 한 것이 바로 나와 내 자녀와의 관계에 관한 문제이지요. 나름대로 최선을 다해 좋은 부모가 되려고 했으나 미처 제대로 잡지 못하고 놓쳐버린 끈들이 많았습니다. 참으로 안타까운 시간을 제법 오랫동안 흘려보냈습니다.

이향숙 박사님의 책을 읽으며 이제는 서른이 넘은 아이들이지만 앞으로 남은 시간만큼은 제 아이들을 제대로 아름답게 지키겠다고 마음을 여미어봅니다. 또 많은 이들이 세상은 믿을 만하고 살 만한 곳이라 느낄 수 있도록, 스스로를 존중하며 살아갈 수 있도록 조금이라도 힘을 보태려 합니다.

서영숙(숙명여자대학교 아동복지학부 명예교수, 한국장난감도서관협회장)

관계에 대한 고민을 가진 분과의 상담 중에 "어릴 적에 적었던 일기장을 보니 그때의 고민이 지금의 고민과 다르지 않더라고요"라는 이야기를 들은 적이 있다. 어릴 적 해결하지 못한 사회적 관계의 문제들은 일생을 통해 반복되기 마련이다. 그만큼 사회성의 발달은 유년기의 중요한 주제이다. 어떻게 하면 우리 아이의 사회성을 길러줄 수 있을까? 그 답이 이 책에 담겨 있다. 모든 부모가 한 번쯤은 경험했을 만한 생생한 사례는 저자의 오랜 임상 연구가 있었기에 가능했을 것이다. 육아에 바로 적용할 수 있는 실질적인 활동들은 사회성 프로그램을 개발하고 적용해온 저자의 노하우 덕분이다. 이 책은 사회의 구성원으로서 자녀가 잘 성장하길 바라는 부모에게 좋은 길잡이가 되어줄 것이다. 자녀의 사회성을 위해 읽기 시작했는데 부모인 자신의 관계까지 되돌아보는 기회를 갖게 되는 것은 이 책의 또 다른 매력이다.

김영숙(임상심리전문가, LG이노텍 심리상담실장)

· · ·

아이를 키우는 부모에게 아이의 올바른 성장과 성숙은 영원한 과제일 수밖에 없다. 우리 아이가 올바로 자라고 사회성이 높기를 바라는 부모의 마음은 예전이나 지금이나 한결같다. 하지만 핵가족화된 요즘의 부모들은 막상 아이가 외톨이로 있는 모습을 보게 되면 당황하고 어떻게 해야 할지 몰라 난감해한다. 이 책에는 20여 년간 아이들을 상담하고 사회성 관련 프로그램을 개발해온 이향숙 박사의 경험과 노하우가 고스란히 담겨 있다. 아이의 사회성 향상에 현실적으로 큰 도움을 줄 이 책은 아이의 양육에 대한 좋은 길잡이가 되어줄 것이다. 아직 어린아이를 둔 부모들에게도 일독을 권하며, 이 책이 아이의 사회성으로 고민하는 가정에 행복을 가져다주기를 기원하며 추천한다.

신혜경(아동복지학 박사, 한솔교육 원장)

· · ·

현장에서 부모들에게 "아이를 어떤 아이로 키우고 싶은가?"라고 질문하면 '자존감 높은' '사랑이 많은' '친구 관계가 좋은'과 같은 표현이 자주 나온다. 이는 사회적 관계에서 드러나는 성향이다. 사회적 관계 형성은 어린 시절 부모와의 애착 관계에서 시작된다. 만약 어린 시절 애착 유형이 부적절하게 형성되었더라도 자라면서 긍정적이고 안정적인 관계 맺기를 지속적으로 재경험하면 안정 애착으로 변화될 수 있다. 아이가 관계 맺기의 어려움을 극복하고 긍정적 사회성을 형성하기 원하는 부모들에게 이 책은 일상에서 바로 실행할 있는 유용한 가이드북이 될 것이다.

박선영(강릉영동대학교 유아교육과 교수)

. . .

자녀가 또래관계로 힘들어 하는 모습을 보면서 "아동상담센터를 한번 가볼까?" "가서 뭐라고 설명해야 하지?" "막상 가려고 생각하니 특별히 내 아이한테 큰 문제가 있는 것 같지는 않아"라고 생각한 경험이 있거나 아동상담센터에 한두 번 찾아갔지만 속 시원한 답을 얻지 못한 부모들에게 이 책을 적극 추천한다. 약 20년 동안 이향숙 박사가 상담을 통해 만난 아이들의 많은 사례가 담겨 있는 이 책에서 사회성 문제로 어려움을 겪고 있는 여러분의 자녀 모습을 발견할 수 있을 것이다. 아이의 사회성에 관한 이야기를 쉽게 풀어나가고 있어 내 아이를 이해하고 부모 스스로 해결책을 찾아 나갈 수 있도록 해줄 선물 같은 책이다.

장인희(발달심리 박사, 경희대 테크노경영영대학원 아동상담 객원교수)

아동심리와 상담, 치료에 대해 오랜 기간 이향숙 박사와 함께 연구하고 공부해왔다. 내 학교에서 학생을 가르치고 연구하는 길을 택한 본인과 달리 이향숙 박사는 유아교육학과 교수직을 사임하고, 전문적인 학문 지식을 바탕으로 현장에서 호흡해왔다. 상담센터를 개설하여 아이들을 상담·치료하고 임상연구를 통해 치료 프로그램을 개발했다. 이 책은 이향숙 박사가 20여 년간 현장에서 얻어낸 치료 방법과 성과, 다양한 사회성 프로그램 개발 경험이 담긴 역작이다. 이 책이 가정은 물론, 관련 공부를 하는 학생, 아동심리치료 기관에 종사하는 선생님들에게도 큰 도움이 되리라고 생각하며 기쁜 마음으로 추천한다.

최순옥(장안대 사회복지학과 교수, 한국관계놀이상담학회장)

1장 / 사회성이 아이의 미래를 결정한다

2장 / 뇌의 움직임으로 아이의 사회성이 달라진다

3장 / 안정애착이 건강한 사회성의 뿌리가 된다

4장 / 자아발달과 사회성은 밀접한 관계가 있다

5장 / 도덕성과 사회성도 단계별 성장이 필요하다

6장 / 또래관계에서의 우정과 해결 능력

사회성은 여러 다양한 사회 안에서 많은 사람들과 조화를 이루며 적응적

인 삶을 살아갈 수 있는 것을 말합니다. 이를 위해서는 무엇보다 적응이 우

선되어야 할 것이고, 그 적응을 위해서는 자신이 속한 사회와 다른 사람들

과의 관계를 잘 조율해서 맞추는 것이 우선되어야 할 것입니다. 그렇다면

무엇을 어떻게 해야 조화롭게 적응적인 사회성을 발달시킬 수 있을까요?

1장

·

사회성이 아이의
미래를 결정한다

사회성이 뭐길래, 그토록 중요한 걸까?

___

사회적으로 통일된 기준에 맞춰서 행동하고, 여러 사람과 원만하게 지낼 수 있으며, 다른 사람들과 쉽게 사귈 수 있고 유지할 수 있는 것을 모두 '사회성'이라고 할 수 있습니다.

시원이의 엄마는 오늘도 현관문 앞에서 아이와 씨름중이다. 아이는 어린이집에 가지 않겠다고 버티고 있고, 엄마는 어린이집을 보내고야 말겠다는 의지로 설득 중이다. 아이가 왜 유치원을 거부하는지 엄마는 답답하다. 아이는 신발을 신지 않겠다며 힘으로 버티기도 하고, 신발을 던지기도 하면서 시위중이다.

어린이집에서는 한 달이 지나면 자연히 적응할 것이라며 엄마를 안심시켰지만 시원이는 한 달이 지나도록 적응하지 못하고 있었다. 이젠 아예 신발을 신는 것조차 거부하는 상황이다. 엄마는 매일 아침 어린이집 등원을 두고 씨름하는 이 시간이 너무도 괴롭다.

유치원에 아이를 데리러 간 주영이의 엄마는 아이를 보자마자 속상하다. 아이는 오늘도 친구들과 어울리지 못했는지 고개를 푹 숙이고 힘없이 엄마를 향해 걸어온다. 엄마는 아이에게 한껏 밝은 미소를 띠고 오늘도 재밌게 보냈냐고 물었다. 하지만 아이는 시무룩한 얼굴로 신발을 꺼내 신고는 엄마 손을 슬그머니 잡는다. 이럴 때면 엄마는 가슴이 무너지는 기분이 든다. 왜 우리 아이는 친구들과 유치원에서 즐겁게 보내지 못하는 것일까?

성민이의 엄마는 원장님의 전화를 받고 유치원으로 달려왔다. 매번 유치원에서 전화가 올 때마다 죄인이 된 기분이다. 오늘도 친구와 싸웠다는 말과 함께 "어머님, 성민이가 오늘 친구를 때렸어요. 사과를 하라고 해도 하지 않고 아무 말도 하지 않네요. 어머님이 유치원으로 오셔야 할 것 같아요"라는 선생님의 이야기가 들려왔다.

엄마는 성민이가 왜 자꾸 친구와 싸우는지 이해할 수가 없다. 동생이 없는 성민이가 친구들과 잘 지냈으면 좋겠는데 성민이는 엄마 마음과 같지 않은 것 같다. 오늘도 엄마는 친구와 잘 지내지 못하는 아이를 보며 속이 시커멓게 타들어간다.

눈치 챘겠지만 위의 사례들은 특별한 문제를 가진 아이들의 이야기가 아닙니다. 누구에게나 있을 수 있고, 가까운 누군가에게 들었을 법한 이야기들일 것입니다. 더이상 엄마 품에서 젖을 먹고, 아장아장 걸어 다니며 재롱을 피우는 시기는 이제 끝났다는 사실을 알게 됩니다. 작은 것에도 감탄이 이어지고, 폭풍 칭찬을 듣던 때는 이제 지나가버린 것입니다.

이제는 새로운 곳에서 새로운 사람들과 많은 시간을 보내야만 한다는 것을 아이도, 엄마도 어쩔 수 없이 받아들여야 하는 때입니다. 새로운 그곳은 아이에게 있어서 가족이 아닌 누군가와 끊임없이 새로운 '관계'를 맺어야만 한다는 것을 알려주는 곳입니다.

이러한 사실이 어떤 아이에게는 신나는 일이고, 호기심을 불러일으키는 일일 수 있습니다. 하지만 또 어떤 아이에게는 고통의 시간이며, 두려운 일이고 무서운 일일 수 있습니다.

같은 곳에서도 이렇게 확연하게 다른 경험을 하는 이유는 무엇 때문일까요? 무엇이 아이로 하여금 새로운 환경을 천국과 지옥으로 만들어버린 것일까요?

새로운 세계로
떠나는 것부터 시작

아이들에게 어린이집이나 유치원은 지금껏 자신을 안전하게 돌봐주었던 익숙한 집에서 무슨 일이 벌어질지 알 수 없는 새로운 곳으로의 전환을 의미합니다. 아이들에게 새로운 곳이란 경험해보지 못한 낯선 곳으로서 누구와 어떻게 보낼지 알 수 없는 불안한 곳입니다. 그러니 아이들이 어린이집과 유치원을 거부하는 것은 어쩌면 당연한 일일 수 있습니다.

그러나 이러한 아이들의 마음을 그대로 수용해 부모님이 집에서 끼고 마냥 예뻐만 하며 키울 수는 없습니다. 아이들로 하여금 아무것도 할 수 없는 성에 갇힌 라푼젤처럼 살라고 할 수도 없는 노릇입니다. 성안에 모든 행복이 있다 한들 그것은 갇힌 삶일 뿐, 넓은 세상은 아니기 때문입니다. 아이들은 과감하게 성을 박차고 나와 넓은 세상으로 모험을 떠나야 합니다.

그러기 위해 따뜻하고 안락한 집을 떠나는 것은 그들의 첫 번째 과제입니다. 아이들은 집을 떠나 세상으로 향해야만 하고, 결국에는 그러한 용기의 첫 걸음이 이후 스스로 세상을 살아갈 수 있게 하는 힘이 될 것입니다. 그러나 정작 모험을 떠나야 할 아이들은 집에서 떨고 있고, 모험을 떠나보내야 할 부모들은 품에서 아이들을 놓아주지 않으려 하고 있으니 문제가 될 수밖에요.

그렇다면 어떻게 하는 것이 좋을까요? 부모의 품속에서 안전함만을 추구하며 안아주기만 해야 할까요? 적어도 그것이 문제라는 것에 대해 우리 모두는 동의할 것입니다. 그렇다면 아이가 왜 세상 밖으로 나가야만 하는지, 부모는 왜 아이들을 위험할 수도 있는 세상 밖으로 보내야만 하는지에 대해서 먼저 이야기할 필요가 있습니다.

세상에는 많은 사람들이 있습니다. 그들 중에는 지금껏 키워주신 부모님처럼 아이들을 무조건적으로 이해해주고 수용해주고 사랑해주는 사람들만 존재하는 것이 아닙니다. 아이들을 괴롭히는 사람, 화나게 하는 사람, 힘들게 하는 사람, 혼란스럽게 하는 사람, 슬프게 하는 사람 등 다양한 사람들이 포함되어 있습니다.

그렇다고 이러한 사람들과 만나지 못하도록 모두 제어하면서 우리 아이를 보호할 수 있을까요? 그럴 수 없습니다. 세상은 우리가 원하는 대로 이이를 품도록 내버려두지 않습니다. 하다못해 어린이집만 가도 금세 아이는 좌절을 맛보게 될 것입니다. 지금껏 아이 마음대로 되었던 모든 것들이 더 이상은 그렇지 않다는 것을 바로 경험하게 되거든요.

그렇기 때문에 아이는 필연적으로 자신과는 다른 누군가와 잘 지내도록 노력해야 하고, 잘 적응해야 한다는 것을 터득하게 되는 것입니다. 아이가 원하지 않더라도 말이죠.

지금까지와는 다른 것이 너무 많은데
어떻게 해야 할까?

사실 시원이는 어린이집에 가면 자신이 원하는 대로 할 수가 없어서 속상해합니다. 장난감을 갖고 놀려고 하면 어느새 다른 친구가 와서 채가기 일쑤고, 자신이 집에서 하던 대로 힘겹게 줄을 맞춰서 장난감을 정리하면 다른 친구들이 와서 너무도 쉽게 엉망으로 만들어버립니다. 시원이는 그것이 너무도 속상했을 것입니다. 장난감 정리도, 장난감을 갖고 노는 것도 모두 시원이가 원하는 대로 할 수가 없기 때문입니다.

처음에는 선생님께 이르기도 하고, 친구들에게 그렇게 하지 말라고도 이야기했을 겁니다. 하지만 친구들은 시원이의 말을 들은 척도 하지 않았고, 선생님도 시원이가 원하는 대로 맞춰주지는 않았을 것입니다. 왜냐하면 시원이는 자신만의 방식과 규칙이 지나치게 엄격해서 다른 친구와 물건을 공유하기가 어려운 아이였을 테니까요. 그러니 시원이는 어린이집에서의 생활이 불편하고 힘들었을 겁니다.

결국 시원이에게 어린이집은 너무나 끔찍한 곳이 되었고, 그곳에 가라고 등을 떠미는 엄마가 너무도 원망스러웠을 겁니다. 사실 시원이는 어려서부터 집에서나 밖에서나 자신이 원하는 대로될 때까지 고집을 피우는 아이였습니다. 시원이는 반복해서라도 자신이 원하는 방법이나 규칙대로 해야만 속시원한 아이였습니다.

이러한 시원이에게 시종일관 맞추어주었던 엄마는 시원이가 어린이집에 가면 저절로 괜찮아질 것이라고 기대했을 것입니다. '적어도 다른 친구들을 보면서 시원이도 알아서 맞춰가겠지' 하는 안일한 마음이 있었을 것입니다. 하지만 결국 시원이의 이러한 성향은 어린이집을 적응하지 못하는 결과를 초래했습니다.

시원이와는 다르지만 주영이도 역시 적응에 실패한 사례입니다. 주영이는 수줍음이 많고 자기표현을 잘 못하는 아이입니다. 힘들면 눈물부터 글썽였고, 도움이 필요해도 엄마 근처에서 맴돌기만 할 뿐, 무엇이 필요한지 이야기를 잘 하지 않는 아이였습니다. 그런 주영이에 대해 엄마는 말을 안 해도 알아서 척척 모든 것을 해주었습니다. 주영이가 무엇을 원하는지 엄마는 눈빛만 봐도 알 수 있었기 때문입니다.

주영이의 이러한 행동은 엄마로 하여금 좋은 엄마라는 자부심마저 들게 할 정도였습니다. 아이가 무엇을 원하는지 말하지 않아도 알아서 해주는 것이 좋은 엄마라고 생각했기 때문입니다. 하지만 주영이는 말하지 않아도 알아서 해주는 엄마가 항상 곁에 있었기에 굳이 말할 필요가 없었을 뿐입니다. 그리고 어느 날에는 자신의 마음을 알아채지 못하는 엄마를 원망하기도 했습니다.

주영이가 어린이집에서 자신이 갖고 놀고 싶은 장난감이 있어도 선뜻 선택하지 못했고, 다른 친구가 갖고 놀더라도 같이 놀자는 이야기를 하지 못했던 것은 어쩌면 당연한 결과였을지도 모릅니다. 선생님은 친절했지만 엄마만큼 자신의 마음을 알아주지 못했고, 자신이 말하지 않으면 무엇을 원하는지조차 알아차리지 못했기에 주영이는 어린이집이 아무것도 할 수 없는 곳처럼 느껴졌을 겁니다.

성민이는 또 어떨까요. 성민이는 또래 친구들에 비해 언어가 느린 편이었습니다. 늦게 언어가 트이다 보니 자신이 원하는 것이 있으면 몸으로 표현하는 것이 우선이었고, 싫은 표현 역시 몸으로 했습니다.

친구들보다 언어표현이 느렸던 성민이는 친구가 "이거, 내가 먼저야"라고 하면 자신을 공격하는 것으로 받아들였습니다. 성민이는 분명 자신이 먼저 장난감을 가져갔는데, 갑자기 친구가 와서 뺏어버린 것처럼 느꼈을 테니까요. 성민이는 자신이 원하는 장난감을 지키기 위해 친구를 밀치고 때렸습니다.

어쩌면 성민이는 자신의 것을 지키기 위해 친구를 때렸는데 왜 엄마와 선생님은 자신에게만 잘못했다고 하는지 도무지 이해가 되지 않았을 수 있습니다. 그래서 성민이는 끝까지 잘못했다고 말하지 않았을 것입니다.

이런 성민이를 보는 엄마는 또 얼마나 속이 탈까요. 말로 하면 될 것을 왜 매번 친구를 때리거나 밀치는지 도무지 이해할 수 없었을 겁니다. 이럴 때마다 엄마는 성민이에게 "때리는 건 나쁜 거야. 미안하다고 해. 친구를 때리면 어떻게 해"라고 타이르기도 하고 혼도 냈을 겁니다. 이러한 상황이 반복되자 성민이의 엄마는 아이를 어떻게 가르쳐야 할지 혼란스러웠을 겁니다.

시원이, 주영이, 성민이 모두 어린이집을 적응하지 못하는 데는 나름의 각기 다른 이유들이 있었습니다. 어린이집이라는 사회에서의 부적응과 친구관계의 어려움을 한 가지만으로 설명할 수 없다는 것을 위의 사례들을 통해서도 알 수 있습니다.

그런 점에서 우리가 사회성에 대해 막연하게는 알아도 명확하게는 알지 못한다는 것은 어쩌면 당연한 일 아닐까요? 그렇다면 사회성이란 무엇일까요? 사회에서 잘 적응하는 것이 사회성일까요? 아니면 사회 속에 있는 구성원들과 잘 지내는 것이 사회성일까요? 우선 이 모호한 개념부터 이야기할 필요가 있습니다.

사회성이란 다른 것과
조화롭게 적응하는 것

사회성은 사회에 잘 적응하는 것, 사회의 구성원들과 잘 지내는 것을 모두 포함하는 것이라 할 수 있습니다. 사회적으로 통일된 기준에 맞춰 행동하고, 여러 사람과 원만하게 지낼 수 있으며, 다른 사람들과 쉽게 사귈 수도 있고, 유지할 수 있는 것을 모두 통틀어 이야기할 수 있습니다.

뿐만 아니라 사회라는 집단 내에서 다양한 활동을 즐겁게 할 수 있는지와 적극적으로 참여할 수 있는지도 함께 눈여겨봐야 합니다. 다시 말해 사회성은 여러 다양한 사회 안에서 많은 사람들과 조화를 이루며 적응적인 삶을 살아갈 수 있는 것을 의미합니다.

이를 위해서는 무엇보다 적응이 우선되어야 할 것이고, 그 적응을 위해서는 자신이 속한 사회와 다른 사람들과의 관계에서 잘 조율해서 맞추는 것이 우선되어야 할 것입니다.

그렇다면 무엇을 어떻게 해야 조화롭게 적응적인 사회성을 발달시킬 수 있을까요? 그것은 세상에 태어나 최초로 관계를 맺는 부모와의 관계에서 시작됩니다.

무엇보다 빼놓을 수 없는 주제, 그것은 바로 애착입니다. 하지만 여기서도 우리가 간과한 것이 있습니다. 그것은 바로 사회성은 태어나는 그 순간부터가 아니라는 것입니다. 태어나기 이전부터 시작된다고 볼 수 있습니다. 시원이의 사례처럼 기질적으로 예민하고 까다로운 아이들은 태어날 때부터 특별히 세심한 주의와 돌봄이 필요한 아이들입니다.

이러한 아이들은 애착을 형성하고 돌보는 데 있어서 일반적인 경우와는 사뭇 다른 접근이 필요합니다. 그렇기에 우리는 앞으로 유전적인 기질, 뇌, 애착, 양육, 자기와 타인과의 관계 그리고 자기 조절 및 해결능력 등 많은 부분에 대해서 이야기할 것이고, 그것이 사회성과 어떠한 관련이 있는지 살펴볼 예정입니다.

전문가의 한마디!

- 사회성의 시작은 새로운 것을 시도하는 것입니다.
- 새로운 것을 수용하는 것은 조화로운 적응을 위한 필수코스입니다.

사회성은 기초부터
튼튼하게 하는 것이 중요하다

어떻게 해야 아이는 자신과의 관계를 건강하게 잘 형성하고 발달시킬 수 있을까요? 이는 단연 부모와 자녀의 관계에서부터 시작합니다.

사회성은 자신과 자신이 아닌 것과의 관계성을 이야기합니다. 여기에는 사회라는 거대 단위부터 자신이라는 가장 내면의 단위까지 포함됩니다. 그러면 여기서 우리는 의문이 생기게 될 것입니다. '사회나 타인은 사회성이라고도 할 수 있지만 자신과의 관계는 무슨 말일까' 하고 말입니다.

뒤의 4장에서 자세히 다루겠지만 먼저 간단히 살펴보자면, 자신이 누구인지에 대해서 스스로 알지 못하는 사람은 다른 사람에 대해서도 잘 알지 못한다는 것을 의미합니다. 자신이 무엇을 원하고, 무엇을 필요로 하며, 무엇을 할 때 가장 행복한지조차 알지 못한다면 다른 사람의 마음은 더더욱 알아차리기 어렵다는 뜻입니다.

주영이의 사례를 보면, 주영이는 자신이 원하는 것을 말하기도 전에 엄마가 모든 것을 알아서 해결해주었습니다. 그러다 보니 자신이 굳이 표현하지 않아도 해결되는 것들이 많았습니다. 그런 주영이는 스스로 말할 필요가 없었던 것입니다. 자신이 무엇을 원하는지, 무엇이 필요한지, 무엇을 하고 싶은지조차 말입니다.

어린이집에 가기 전까지 주영이는 자신의 생각을 입 밖으로 낸 적이 없었을 것입니다. 그러다 어린이집이라는 새로운 환경에 직면하면서 주영이는 갑자기 자신의 목소리를 내라는 강요를 받은 격입니다.

아마도 주영이에게 이것은 청천벽력 같은 일이었을 것입니다. 한 번도 자신이 원하는 것을 표현해본 적이 없는 아이에게 갑자기 표현을 잘하라고 한다는 것은 주영이가 아닌 새로운 아이로 둔갑하라는 것이나 다름없는 일이었을 것입니다. "응애응애" 하던 갓난아이가 어느 날 갑자기 걸을 수 없는 것처럼 말입니다.

그러므로 아이가 스스로 목소리를 내기 위해서는 자신이 무엇을 원하고 무엇을 하고 싶은지 잘 이해하는 일이 선행되어야 합니다. 그렇기에 사회성에서 무엇보다 중요한 것은 '자기 자신과의 관계를 어떻게 하면 잘 형성하고 발달시키는가'라고 할 수 있습니다.

그렇다면 어떻게 해야 아이는 자신과의 관계를 건강하게 잘 형성하고 발달시킬 수 있을까요? 이는 단연 부모와 자녀와의 관계에서부터 시작합니다. 왜냐하면 세상에 태어나 자신과 자신이 아닌 것을 구별하기도 전에 만나는 대상이 바로 부모, 그중에서도 엄마이기 때문입니다.

여기서 어쩔 수 없이 부모 중에서도 엄마를 먼저 콕 집어서 이야기할 수밖에 없는 것에 먼저 동의를 구하려 합니다. 아무래도 사회성은 초기 애착과 양육이 가장 기초이기 때문에 주로 주양육자의 역할을 하는 엄마에게 초점을 맞춰서 이야기할 수밖에 없습니다. 그러니 엄마가 아닌 아빠가 이 책을 접하더라도 이해해줬으면 하는 마음입니다.

부모는 아이의
거울 같은 존재

자, 다시 본론으로 돌아가서 부모를 통해서 아이는 자신을 인식하게 됩니다. 부모의 웃는 얼굴을 보며 아이는 따라 웃게 되고, 부모의 표정을 보고 자신이 어떤 상태인지 알아가게 됩니다. 이 말은 부모의 표정을 통해 아이는 스스로의 감정을 경험하게 된다는 의미입니다.

갓 태어난 아이는 부모와 자신이 다른 존재라는 사실을 인식하지 못합니다. 울음으로 모든 불편한 상황을 해결하는 동시에 부모의 표정을 따라하면서 자신을 인식하는 것이 고작이니까요. 그러니 아이는 부모와의 관계에서, 특히 엄마와의 관계에서 일어나는 모든 상호작용이 세상의 전부라고 느끼게 됩니다. 자신이 울면 즉각 달려와주는 엄마로 인해 아이는 안정감을 느끼고, 자신의 울음이 모든 것을 해결해주는 만능열쇠처럼 느껴졌을 것입니다.

아이는 그 어떤 것도 필요하지 않고 엄마만 곁에 있으면 충분했을 것입니다. 엄마만 있으면 아이는 아무런 불편을 느끼지 못하기 때문입니다. 그러나 아이는 언제까지고 엄마 곁에만 있을 수 없다는 것을 곧 알게 됩니다. 성장하면서 활동 영역이 점차 넓어지게 될 것이고, 새로운 곳으로 모험도 떠나야 하니까요.

부모는 안전한 탐험을 위해
필요한 베이스캠프

아이는 부모와 적당한 거리를 유지한 채 점점 더 넓은 세계를 탐험하게 될 것입니다. 곧이어 자신의 호기심을 마음껏 충족하려 할 것이고요. 그러다 보면 자연히 엄마와 자신이 각기 다른 존재라는 것을 서서히 알게 될 것입니다.

어쩌면 아이는 세상으로의 모험을 떠나려다가도 안전한 엄마와의 분리가 너무나 고통스러워서 탐험을 멈추고 다시 엄마 곁으로 돌아올지도 모릅니다. 하지만 엄마는 아이의 탐험을 방해해서는 안 됩니다. 아이가 건강하게 성장하고 탐험을 떠나 성숙한 한 개인으로서의 삶을 살도록 하기 위해서 엄마는 그저 안전기지로서의 역할만 해야 합니다. 마치 베이스캠프처럼 말이죠.

엄마라는 안전기지가 아이 가까이에 있으면 아이는 못할 것이 없어집니다. 탐험을 떠났다가 위험이 닥쳐와서 안정을 취하기도 하고, 쉼을 얻기도 하면서 아이는 힘을 재충전하게 될 것입니다. 그것이 바로 안전기지의 역할이니까요. 엄마는 안정적인 베이스캠프로서의 역할만을 기꺼이 받아들여야 합니다. 그래야 아이가 무서울 것이 없는 무적함대처럼 세상을 탐험하게 될 테니까요.

아이 곁에서 아이의 필요를 즉각적으로 알아차려주는 엄마가 곁에 있다면, 아이는 굳이 엄마가 자신과 한 몸이 아니어도 괜찮아질 것입니다. 그렇기에 아장아장 불완전한 걸음걸이로도 충분히 주변을 탐험할 수 있는 것입니다.

하지만 여기서 중요한 것이 있습니다. '엄마의 즉각적인 반응이 없다면 어떻게 되냐'는 것입니다. 엄마가 주변에서 베이스캠프로서의 역할을 하지 않는다면 어떻게 될까요? 그러면 아이는 새로운 세상으로의 탐험을 하지 못하게 될 것입니다. 심할 경우 탐험을 시도조차 하지 못하게 될 수도 있습니다.

　그러다 결국에 아이는 점차 세상과 관계를 맺지 못하고 멀어지게 될 것입니다. 이것을 한마디로 이야기하자면, 사회성으로의 첫 단추부터 실패한 것이라고 할 수 있습니다. 엄마와의 관계가 중요한 이유는 바로 이 때문입니다.

　엄마와의 안정적인 애착에서 비롯되는 안정감은 세상과의 상호작용을 충분히 할 수 있도록 돕는 원동력이나 안전기지인 셈이니까요. 그러니 엄마와의 애착을 강조하지 않으려야 않을 수가 없는 것입니다.

전문가의 한마디!

● 자신과의 관계를 건강하게 맺는 것이 사회성의 기초입니다.
● 새로운 곳을 탐험하기 위해서는 부모라는 안전한 베이스캠프가 필요합니다.

원활한 의사소통이
사회성의 기본 중 기본이다

사람과 사람과의 관계에서 가장 중요한 핵심은 의사소통이며, 이것이 사회적인 활동 영역으로 뻗어나가기 위한 가장 기본적인 기능이라고 할 수 있습니다.

우리가 왜 아이들에게 사회성이 필요하다고 말하는 것일까요? 친구들에게서 소외되거나 따돌림을 당하게 하지 않기 위해서일까요? 아니면 어린이집이나 유치원에 잘 적응해서 다니는 것을 바라서일까요? 그것도 아니면 더 나아가 성공적인 사회생활을 할수 있는 발판을 마련해주기 위해서일까요? 아이를 둔 부모의 입장이라면 위의 경우를 모두 포함해 한 번쯤 고민했을 법한 질문일 것입니다.

아이의 사회성에 관심을 가질 때 부모는 아이가 성장하면서 매번 새로운 환경과 새로운 사람들을 만나야 하는 상황에서 잘 견디는 것을 목표로 하지 않습니다.

오히려 그것을 넘어 사회에서 아이가 자신의 능력을 마음껏 발휘하며 주도적인 삶을 살아가길 바라는 부모의 간절한 마음이 우선일 것입니다. 왜냐하면 사회성은 곧 성공의 지름길처럼 느껴지기 때문이죠.

우리는 사회성을 '성공적인 관계 맺기'라고 생각하는 경우가 많습니다. 성공한 사람들이 하나같이 외치는 성공의 키워드가 바로 사회성이기 때문입니다.

마치 풍부한 인맥은 곧 성공적인 사회성의 표본인 것처럼 인식되고 있죠. 물론 아주 틀린 말은 아닙니다. 하지만 사회성을 '성공적인 관계 맺기'라는 테두리 안에만 가둬두기에는 그 의미와 중요도가 훨씬 더 크고 넓다고 할 수 있습니다.

하지만 이러한 오해를 불러일으키는 데는 이유가 따로 있습니다. 소위 사회성이 좋은 사람들은 다른 사람들과의 '관계 맺기'를 수월하게 하고, 누구보다 유능하게 이러한 것들을 척척 해내기 때문입니다.

그런데 그들은 어떻게 '관계 맺기'의 달인이 되었을까요? 이에 대한 해답은 사회성의 중요한 요소 중 하나인 '소통'에서 찾으면 됩니다.

원활한 소통은
든든한 지원군

소통은 대화가 원활하게 이루어지는 것을 의미합니다. 왜냐하면 대화가 잘 된다는 것은 상대방과 잘 통한다는 느낌을 주기 때문입니다. 그것은 우리가 비슷한 사고와 행동양식을 갖고 있으며, 마치 '너와 나는 비슷해'라는 인상을 주기 때문이죠.

이것은 '우리는 한 팀이야'라는 느낌을 주기에 충분합니다. 뒤에 든든한 아군이 있는 것처럼 말이죠. 그러니 세상 어느 전투에 나가서도 이길 수 있을 것만 같은 자신감이 드는 것은 당연한 일이겠죠.

소통은 과거에도 그렇고, 지금도 우리 사회에서 중요한 화두입니다. 소통이 원활하게 이루어지지 않으면 고립을 자처하게 되고, 고립은 부차적인 사회 문제를 만들기 때문에 결과적으로 개개인의 삶을 위험에 빠뜨릴 수 있습니다.

그런 점에서 사람과의 관계에서 가장 핵심은 의사소통입니다. 의사소통이야말로 사회적인 활동 영역으로 뻗어나가기 위한 가장 기본적인 기능이라고 할 수 있습니다.

일방적인 신호에서
양방향 신호를 주고받기까지

아이들의 의사소통은 언어 능력뿐만 아니라 자신의 마음을 정확하게 인식하고 표현하는 과정으로 볼 수 있습니다. 다른 사람의 말을 경청하고 반응하면서 사회적인 상호작용을 통해 문제를 해결하는 것이 의사소통의 가장 핵심인 것이죠.

그렇다면 의사소통은 어떻게 발달하게 되는 것일까요? 의사소통의 발달은 어려서부터 성인에 이르기까지 꾸준히 발달한다고 볼 수 있습니다. 어느 한순간에 이루어져서 완성되는 것이 결코 아닙니다. 그렇기에 의사소통 발달의 시초는 언어가 아닙니다. 그것은 하나의 신호와도 같습니다.

다른 사람의 생각이 무엇인지도 알지 못하고 다른 사람의 표현이 어떤 의미를 갖는지도 알지 못하기 때문에 그러한 정보를 알아내기 위해서 상대방의 표정, 분위기, 몸짓 등 언어가 아닌 다른 신호에 관심을 가지게 됩니다. 그것은 어쩌면 소통이 이루어지지 않는 것과 같은 느낌일 수 있습니다.

신호는 주관적으로 해석될 수 있는 요인이 있습니다. 그렇기 때문에 신호를 받아들이는 입장에서는 마음대로 해석할 수 있습니다. 그러므로 정보전달과 해석이 잘못될 경우 원활하게 의사소통이 된다고 할 수 없습니다. 자신의 신호에만 몰두하고 다른 사람과의 신호에는 맞추려 하지 않는다면 이는 소통이 잘된다고 볼수 없습니다. 예를 들어 아이가 다른 사람의 생각과 자신의 생각에 차이가 있을 수 있다는 것을 전혀 생각하지 않고 자신의 생각을 표현하는 것에만 집중하게 된다면, 그것은 매우 일방적인 의사소통이라고 할 수 있습니다.

이맘때 아이들은 매우 자아중심적인 언어와 일방적인 의사소통 체계를 보입니다. 이로 인해 매우 고집스럽고 이기적인 것처럼 보일 수 있습니다. 따라서 우리는 종종 아이들이 대화할 때 상대방의 말을 전혀 이해하지 못하고 각자 자기주장만 하는 것처럼 보이는 경우를 볼 수 있습니다. 이것이 놀이에서는 병행놀이의 형태로 나타나는데, 이는 아이들이 같은 공간에서 장난감을 갖고 놀이는 하지만 함께한다는 느낌을 주지 못하고 각자 놀이를 하는 것을 말합니다.

그러면서 상대방에게 호응을 얻으려 한다거나 주고받는 형식이 아닌 각자 의미 없는 이야기를 반복적으로 하는 것을 볼 수 있습니다. 마치 자신의 생각이나 감정을 상대방에게 던지듯이 표현하죠.

그러나 이 시기가 지나면 아이들은 자신의 생각과 다른 사람의 생각을 모두 합해서 상호작용을 하려고 시도할 것입니다. 자신이 어떤 생각을 하고 있는지 알아차리고 받아들이면서 보다 사회적인 면모를 갖추게 됩니다. 그리고 나서 아이들은 다른 사람의 생각과 상황을 이해하고 배려하면서 자신만의 언어로 표현하기 시작합니다.

이러한 상호작용을 아이들은 놀이 상황에서 많이 드러냅니다. 이맘때 아이들은 다른 사람과 원만한 관계를 맺기 위해 자신의 생각과 다른 사람의 생각을 맞추려는 시도를 종종 합니다. 이처럼 아이들은 점차 성장하면서 자아중심적인 성향에서 벗어나 다른 사람을 배려하고 이해하며 언어적으로 주고받는 의사소통을 하게 됩니다.

바로 이것이 사회성의 가장 기초적이면서도 핵심적인 의사소통이라고 할 수 있습니다. 이러한 발달이 이루어지면 사회성의 기초를 모두 닦았다고 할 수 있습니다. 이제 시작해볼까요?

전문가의 한마디!

- 원활한 의사소통이야말로 사회성의 기본입니다.
- 일방적인 신호 주기에서 양방향적인 신호 주고받기로 발달하는 것이 소통의 발달 과정입니다.

사회성이 아이에게
그 무엇보다 중요한 이유

아주 어린 아이에서부터 성인에 이르기까지 사회성과 관련해서는 끊임없이 문제가 일어
난다는 점에서 사회성이 아이의 삶에 미치는 영향은 실로 대단합니다.

자신을 인식하고, 부모와의 신뢰라는 바탕 위에 안정적인 애착을
형성해 관계의 첫발을 내딛고 의사소통 기술까지 완비했다면 이
제 남은 것은 무엇일까요? 이제 우리가 생각해봐야 할 부분은 사
회성이 제대로 발달하지 않았을 때 야기되는 문제들입니다.

아주 어린 아이에서부터 성인에 이르기까지 사회성과 관련해
서는 끊임없이 문제가 일어난다는 점에서 사회성이 아이의 삶에
미치는 영향은 실로 대단합니다. 한 번 앓고 나면 다시는 재발하
지 않는 어린 시절 수두와 같은 것과는 차원이 다른 것이죠.

한 시기에 겪는 관계의 어려움과 적응의 문제는 매번 반복될

수 있으며, 그것이 삶 전체를 흔들 수 있을 정도의 강력한 손상을 줄 수도 있습니다. 어린 시절 관계 문제에서 처절한 좌절을 경험하면 이는 성인에 이르러서도 영향을 줄 수 있습니다. 성인이 되어 새로운 관계를 맺을 때마다 어린 시절의 좌절이 새로운 것을 시도조차 하지 못하게 할 정도로 쓰나미처럼 공포가 몰려오게 되는 것이죠.

이처럼 관계에서의 실패는 공포로까지 이어질 정도로 심리적 위협의 정도가 강력합니다. 그렇기에 사회성에 문제를 갖고 있는 아이는 그 다음 관계 맺기를 포기하는 경우가 허다합니다.

이런 문제를 갖고 있는 아이들은 대체로 누군가 먼저 다가와주길 기대하고, 아무런 노력을 기울이지 않으며, 수동적인 자세를 취하는 경우가 많습니다. 그래서 그런 아이의 모습을 지켜보는 엄마들은 속이 터질 지경이죠.

도대체 이 아이들은 왜 아무런 행동을 취하지 않는 것일까요? 단지 무섭고 좌절했기 때문만은 아닐 것입니다. 좌절이라는 고통보다 거절이라는 고통이 더 크기 때문이 아닐까 생각됩니다. 좌절은 자신이 어떠한 행동을 했을 때 얻는 결과로 볼 수 있습니다. 어찌 보면 다른 행동을 취한다면 성공할 수 있는 가능성이 열려 있다고도 할 수 있죠.

하지만 거절은 어떨까요? 거절은 자신의 존재 자체를 거부당하는 것처럼 느껴지게 만들 수 있는 위력이 있습니다. 그러므로 좌절과는 비교도 할 수 없는 고통이 따르는 것은 당연하겠죠. 거절은 그 어떤 것보다 심리적 손상을 입힐 수 있으며, 다시는 회복되기 어려울 정도의 상처를 남길 수 있습니다.

아이는 자신의 존재 자체를 부인당하는 그 아픔으로부터 도망가고 싶겠죠. 그렇기에 더욱더 완강하게 버티고 아무것도 시도하지 않으려 할 수 있습니다. 하지만 이를 지켜보는 엄마는 아이의 행동이 도무지 이해가 되지 않습니다. 그렇다고 가만히 지켜보기만 할 수도 없는 노릇일 겁니다.

건강하지 못한 관계는
잘못된 방식에서부터 비롯된다

관계를 잘 맺는 아이들과 마찬가지로 관계를 잘 맺지 못하는 아이들도 친구들에게 인기를 얻고 싶고, 주변으로부터 많은 인정과 환호를 받고 싶어 하며 주목받길 원합니다. 하지만 방법을 모르기에 더욱더 무기력하게 아무것도 할 수 없는 것이죠. 어디에서부터 시작해야 할지도, 어떤 것부터 시도해야 하는지도 알 수 없기에 안개 속을 헤매듯이 사회성이라는 덫에서 허우적거릴 뿐입니다.

이때 아이는 엄마의 도움이 간절하게 필요합니다. 그때 엄마가 짠하고 나타난다면 어떨까요? 아이의 사회성 문제를 푸는 열쇠는 어쩌면 엄마가 갖고 있는지도 모릅니다. 아무래도 사회성이 애착과는 떼려야 뗄 수 없는 짝을 이루기 때문입니다.

그렇다면 어떤 아이가 자신의 마음과는 다르게 관계 맺기에 실패를 하는지부터 먼저 살펴보죠. 먼저 친구들과의 관계에서 자기 마음대로 안 되면 바로 갈등을 일으키거나 몸싸움을 하는 아이가 있다고 합시다. 아무래도 앞서 언급된 사례의 성민이와 같은 경우라 할 수 있을 것입니다.

이런 아이들은 자기중심적인 생각과 행동을 하며 기분도 시시때때로 변하는 경우가 많습니다. 친구와 함께 장난감을 갖고 놀려고 하다가도 친구가 막상 달라고 하면 싫다고 하며 떼를 쓴다거나, 자기 혼자만 장난감을 갖고 놀겠다고 고집을 피우는 경우죠.

이런 경우는 어른들에게서도 쉽게 볼 수 있는 일입니다. 자기의 것을 나눠 쓰지 않고 움켜쥐려고만 하며 욕심을 부리는 경우는 우리 주변에서 흔히 볼 수 있죠. 그런 사람들 주변에는 아무도 없다는 것도 우리는 알고 있습니다. 이러한 자아중심성은 관계에서 자주 걸림돌로 작용합니다.

또 어떤 경우가 있을까요? 같이 놀고 싶어도 표현하지 못하고 주변만 맴도는 아이가 있다고 합시다. 자신의 마음을 표현하지도 않으면서 다른 사람이 알아주기만 기다리는 경우 말이죠. 이러한 경우는 표현을 잘하지 않으니 눈에 띄지도 않고, 목소리나 몸짓도 작아서 존재감이 잘 드러나지 않을 수 있습니다.

이해하기 쉽게 어른의 경우로 빗대어 생각해볼까요? 사내에서 자신의 의견도 제대로 표현하지 않고, 목소리도 작고, 다른 사람이 눈치채지 못할 정도로 활동 반경이 적고, 대화를 하는 사람도 많지 않은 사람이 있다고 합시다. 과연 그 사람을 다른 직원들은 기억하기 쉬울까요?

아마 같은 사내에서 일을 하더라도 그 사람과 대화하기란 쉽지 않았을 것입니다. 설사 대화를 했더라도 기억에 남을 것 같지 않습니다. 자신의 존재감이 약하고 잘 드러나지 않는 경우 다른 사람에게 깊은 인상을 남기기란 매우 어려운 일입니다. 그러다 보니 그 사람은 직장 내에서도 잊혀진 존재처럼 느껴질 수 있습니다.

아이의 경우도 마찬가지라고 할 수 있죠. 같은 반에 있지만 잘 알지 못하고, 잘 알지 못하니까 재미가 없는 아이인 것이죠. 자아 중심적인 경우와 자신의 존재를 드러내지 못하고 표현도 못하는, 이 2가지 경우 모두 관계에 있어서 매우 서툰 경우라 할 수 있습니다. 이렇듯 관계를 서툴게 맺는 경우는 방법을 잘 모르기 때문인 경우가 많죠.

그러다 보니 이런 사람들은 종종 친구를 사귀고 관계를 유지하기 위해 상대방에게 무조건 맞추려는 경향이 있습니다. 이러한 경우 결국에는 쉽게 지쳐서 관계를 오래 유지하지 못하고 일방적으로 관계를 끊게 되고 말죠. 아이도 마찬가지라 할 수 있습니다.

친구들의 기분을 맞추기 위해 일방적으로 자신의 물건을 계속 준다거나 먹을 것을 사주어서 관심을 얻으려는 경우가 이것이죠.

잘못된 방법으로는 깊은 관계를 맺거나 오래 유지할 수 없게 되고 결국 실패로 끝나고 맙니다. 왜냐하면 관계를 맺는다는 것은 서로 상호적인 것이고, 동등한 관계에서 건강하게 이루어지는 것이기 때문이죠. 관계는 말 그대로 나와 다른 사람과의 주고받는 형식의 소통을 말하니까요. 그러니 일방적인 헌신과 희생은 건강한 관계라고 할 수 없습니다.

전문가의 한마디!

● 어린 시절 실패한 사회성은 성인이 되어서도 실패로 이어질 수 있습니다.
● 건강하지 못한 관계 맺기는 잘못된 방법에서부터 시작됩니다.

건강한 사회성에
아이의 미래가 달려 있다

친구가 속상해할 때 함께 울어줄 수 있는 것, 자신을 사랑할 줄 알고 다른 사람도 자신을 사랑한다고 믿는 것, 이 모든 것은 사회성 발달에 있어서 궁극의 목표점입니다.

사회성 부족으로 인한 문제 중에 우리가 쉽게 접하고 잘 아는 것으로 어떤 것들이 있을까요? 우리 주변에서 흔히 볼 수 있는 경우라면 단연 새로운 친구관계를 맺지 못하는 아이를 들 수 있을 것입니다. 그리고 어린이집이나 유치원에 적응을 잘 못하는 아이, 부끄럼이 많거나 미리부터 겁을 집어먹고 아예 아무것도 하지 않으려는 아이, 매사에 불만이 많고 불평하는 아이, 함께 나눠 쓰거나 협동이 어려운 아이 등이라 할 수 있죠.

그렇다면 우리가 잘 알지 못했던 것 중에 사회성의 문제로 볼 수 있는 것들은 무엇이 있을까요? 우리가 지금껏 이 문제가 사회성과 관련이 있을 것이라고 예상하지 못했던 문제들에 대해서 이야기해보려 합니다.

사실 표현력이 부족하고 예민해서 자신을 드러내지 않는 아이만큼이나, 강한 자기 주장으로 자기를 드러내는 아이도 사회성에 대한 문제를 안고 있습니다. 왜냐하면 이런 아이의 경우 자기 자신에게 너무 빠져서 주변을 돌아보지 못하기 때문입니다.

상대에 대해 관심을 기울이지 않기 때문에 상호적인 관계를 맺기 어려운 거죠. 마찬가지로 다른 사람의 이야기는 듣지 않고 자신의 이야기만 한다거나, 지나치게 낙관적인 아이도 사회성이 좋다고 할 수 없습니다. 왜냐하면 다른 사람의 반응에 무관심하고 둔감한 아이는 건강한 소통을 하기 어렵기 때문이죠.

상호적인 관계를 맺는 것이 무엇보다 중요하다

위의 예에서 힌트를 찾는다면 극단적인 경우는 모두 결국에는 사회성의 문제로 흐르게 된다는 것입니다. 자신과 다른 사람과의 관계에서 중요한 것은 균형이고 조율이기 때문이죠. 서로의 이야기와 반응에 집중하고 민감하게 반응하는 것이 사회성에 있어서 가장 훌륭한 부분이라 할 수 있습니다.

반대로 건강한 사회성을 가진 아이의 경우를 비교해 살펴보면 더 잘 이해가 될 것입니다. 대체로 사회성이 잘 발달된 아이들은 다른 친구들의 이야기를 잘 듣고 협력하며 조율을 잘하는 경우가 많습니다.

그래서 눈치가 빠르고 실패나 좌절하는 상황이 닥쳐도 금세 회복할 수 있게 되는 것이죠. 대화를 할 때 다른 친구들의 반응에 호응하기 때문에 이야기도 재미있게 해 주목을 끄는 경우가 많습니다.

이러한 친구들 곁에 가면 매번 새로운 놀이를 만들어내고 새로운 도전 역시 자주 시도하는 것을 볼 수 있습니다. 호기심이 많고 어린 탐험가로서의 역량을 발휘하고, 어떠한 곳에서도 흥미를 갖는 것에 아낌없이 투자하죠.

또 한 가지 중요한 점은 다른 사람의 마음을 이해하려는 데 힘을 쏟는다는 것입니다. 이 점은 매우 중요하다고 할 수 있는데, 다른 사람의 감정에 공감한다는 것은 어른들조차도 쉽게 하기 어려운 것이기 때문입니다.

친구가 속상해할 때 함께 울어줄 줄 아는 것, 친구들끼리 갈등이 생겼을 때 중간에서 조율해 타협점을 이끌어내는 것, 자기 자신을 사랑할 줄 알고 다른 사람도 자신을 사랑한다고 믿는 것, 이 모든 것은 사회성 발달에 있어서 가장 궁극의 목표점이라 할 수 있습니다.

지금까지 우리는 사회성에 어려움을 겪는 아이의 유형과 높은 사회성 발달로 인해 긍정적인 관계를 맺고 유지하는 아이의 유형을 비교해서 살펴보았습니다. 이 두 유형을 비교해보면 사회성이 얼마나 많은 영역에서 중요한 영향을 끼치는지 쉽게 이해할 수 있겠죠?

전문가의 한마디!

- 건강한 사회성을 맺기 위해서는 서로간의 균형과 조율하는 태도가 필요합니다
- 서로의 이야기와 반응에 민감하게 반응하는 것이 사회성의 중요한 부분입니다.

실수에 관대한 엄마가
아이의 사회성을 키운다

다시 시도해볼 수 있는 마음, 지금은 처음이니 계속 시도하고 노력하다 보면 언젠가 한
번은 성공하겠지 하는 마음, 그 마음이 아이들에게 긍정적인 씨앗이 될 것입니다.

엄마가 아이를 양육하면서 겪는 일은 대체로 처음 경험하는 일이
많습니다. 엄마도 처음이고 아이 역시 처음이기 때문에 둘 다 몰
라서 헤매고 혼란스러워 하는 것은 어쩌면 당연한 일일 겁니다.
누구나 잘해내려고 노력하지만 실수하는 것은 흔히 보는 일입
니다.

그러니 실수해도 '다음에는 잘해야지' 하고 툭툭 털고 다시 일
어나야 합니다. 하지만 엄마들은 자신의 잘못이나 실수로 곧 아
이에게 크나큰 문제가 생길지도 모른다는 생각에 작은 실수에도
크게 자책하며 자신을 나무라곤 합니다.

그러나 이런 자책감은 아이를 양육하는 데 있어서 하등 도움이 되지 않습니다. 오히려 안 좋은 결과를 초래한다는 사실을 절대 잊어선 안 됩니다.

예를 들어 일을 하는 엄마가 아이에게 평소 함께하지 못하는 것이 미안해서 주말에 보상하듯이 장난감을 사주고 아이가 하자는 대로 뭐든지 해준다면 아이는 그런 엄마에 대해 고마워하기보다는 더욱 자기 마음대로 하려고 할 것입니다. 점점 더 비싼 장난감을 사달라고 떼를 쓰게 되리라는 것을 우리는 쉽게 예측할 수 있습니다.

엄마들은 흔히 큰 소리로 혼을 낸 다음에 밀려오는 죄책감 때문에 아이에게 잘해주다가 그 한계치를 넘어서 다시 소리를 지르게 되는 경우가 많습니다. 그래서 결국 아이에게 일관된 양육을 하지 못하게 됩니다.

엄마들의 죄책감은 곧 비일관된 양육의 길로 들어서는 지름길이 되곤 합니다. 앞에서도 언급했고 앞으로도 누누이 강조할 부분이지만 일관성 없는 양육 방식은 자녀 교육에 있어서 최대의 적이라고 할 수 있습니다.

아이 입장에서 같은 일을 경험했는데, 어느 날은 엄마가 화를 내고, 또 어느 날은 그냥 슬쩍 넘어간다면 아이에게 엄마는 예측할 수 없는 사람이 됩니다. 그러면 얼마나 불안할까요? 엄마의 예측할 수 없는 행동과 반응은 아이에게 혼란을 주고 눈치를 보게 만듭니다.

아이는 항상 적절하게 대처하기보다는 엄마의 기분을 살펴서 때에 따라 다르게 행동하느라 바쁠 것입니다. 이런 아이들은 '상대방이 어떤 때는 이런 행동을 하더라' 혹은 '이렇게 말하면 상대가 이렇게 반응하겠지' 하는 예측을 잘 못하게 됩니다. 그러다 보니 아이는 늘 불안하게 눈치를 보고, 어떤 일이 어떻게 벌어질지 몰라 노심초사하게 됩니다.

또한 상대방의 의도를 정확히 파악하는 것도 더더욱 어렵게 되겠죠. 이러한 것이 잘 안 되는 아이가 어떻게 다른 사람의 의도와 생각, 감정을 파악하고 이해할 수 있을까요? 그러므로 엄마들은 죄책감을 버리고, 일관성 있게 행동하고 반응하는 것이 무엇보다 중요하다는 사실을 빨리 알아차려야 합니다.

용기의 씨앗은
실수해도 괜찮다는 마음

모르는 것, 새로운 것이 있으면 흔들릴 수 있습니다. 다만 다시 중심을 잡기 위해서는 기준이 있어야만 합니다. 부모가 하는 것이 무조건 정답은 아닙니다. 실수할 수 있다는 것을 부모 스스로 인정했을 때 아이의 실수나 실패도 가볍게 웃어넘길 수 있습니다.

그러니 부모가 노력했는데 아이가 뜻한 대로 잘 안 된다고 좌절할 필요도 없을뿐더러 자책할 필요도 없습니다.

아이는 완벽한 결과물이 되어서는 안 됩니다. 완벽을 위해서 아이를 가혹하게 몰아붙일 것이 아니라 실수투성이여도 괜찮다고 하길 바랍니다. 앞으로 기회는 얼마든지 있다는 것을 아이가 느끼도록 하는 것이 가장 중요하다고 얘기해주세요.

다시 시도해볼 수 있는 마음, 잘 안 되도 괜찮다고 스스로를 위로할 수 있는 마음, 지금은 처음이니 계속 시도하고 노력하다 보면 언젠가 한 번은 성공하겠지 하는 마음, 그 마음이 아이들에게 긍정적인 씨앗이 될 것입니다. 틀림없이!

전문가의 한마디!

● 일관된 양육을 위해서는 부모가 죄책감을 먼저 버리세요.
● 실수를 대하는 대범한 부모의 마음이 아이를 용기 있는 탐험가로 만듭니다.

"괜찮아, 정말 괜찮아.
지금도 절대 늦지 않았어"

쉽게 예단해서 좌절한다거나 아이의 기회를 빼앗지 않아야 합니다. 아이는 하루하루 몰라볼 정도로 키가 자라듯 마음도 자랍니다. 그러니 절대 늦었다고 생각하면 안 됩니다.

아이는 혼자만 주목받는 것이 아니라 함께 어울리는 법을 배워야 합니다. 엄마의 품속에서 벗어나 새로운 곳을 탐색하고 탐험해야 하며 그 속으로 들어가야 하는 것이죠.

이제 어린이집이든 유치원이든 하다못해 놀이학교라도 가야 하는 나이가 되었다는 것을 받아들여야 합니다. 엄마만으로는 더 이상 채워지지 않는 시기가 왔다는 것을 인정해야 합니다. 아이들은 이제 친구를 사귀어야 하고, 함께 어울려 놀아야 하는 나이가 된 것입니다.

어쩌면 아이에게는 그 시기가 너무도 갑작스러운 일일 수 있습니다. 어쩌면 아이는 미처 마음의 준비가 되지 않았을 수 있습니다. 아이의 당황스러움과 미숙함, 실패는 괜찮습니다.

이제부터 시작해도 늦지 않습니다. 이제 겨우 사회라는 첫발을 내딛었을 뿐이니 실패는 어찌 보면 당연한 수순일 수 있습니다.

엄마들이 아이에게 자주 하는 말이 있습니다. "괜찮아. 실수해도 되고, 실패해도 돼. 다시 한 번 해보면 그 다음엔 지금보다 더 잘할 수 있을 거야."

이 이야기는 비단 실패했을 때만 적용할 수 있는 말이 아닙니다. 관계를 맺는 데 있어서나 적응에 있어서도 마찬가지입니다. 마치 주문처럼!

아이에게 관계를 맺는 것만큼 더 어려운 것은 없습니다. 그러니 실패해도 되고, 실패를 통해 연습을 해도 되는 것이라고 말해주세요. 특히 관계는 혼자만으로는 할 수 없는 것이니 때때로 실패하는 것은 당연한 것이라고 말해주세요.

부모의 믿음이
잠자던 잠재력을 깨운다

혹여 아이가 친구들로부터 핀잔을 듣거나 놀림을 받아서 눈물을 흘린다면 엄마는 당황하지 말고 아이의 이야기를 잘 들을 준비를 하면 됩니다. 아이가 괴로운 일을 당했을 때 오히려 엄마가 더 당황하고 속상해한다면 아이는 엄마에게 의지하거나 자신의 슬픔을 나누지 못하게 될 것입니다.

엄마는 비오는 날의 우산과 같아야 합니다. 비가 오니까 밖에 나가지 말자고 하는 어리석은 선택을 할 것이 아니라 비가 오니 우산을 쓰고 나가보자고 하면 되는 것입니다. 어려움을 피하지 말고 부딪혀보는 연습이 필요한 것처럼. 지금껏 부모님의 따뜻한 품에서만 있었다면, 유토피아에서 당당히 나와 거친 들판을 모험하는 탐험가의 자세가 필요하다고 말이죠.

아이의 내면에서 잠재성이라는 무한한 가능성의 보물을 찾아보세요. 아이는 탐험가로 양육해야 합니다. 도망자로 양육해서는 안 된다는 것을 늘 명심해야 합니다.

아이는 맞서서 대응할 수 있는 힘도, 무기도 이미 갖추었다는 사실을 잊으면 안 됩니다. 다만 아이는 아직 그것들을 사용할 방법을 모를 뿐입니다. 그러니 엄마들은 겁을 낼 필요가 없습니다.

물론 아이의 슬픔은 엄마의 마음을 찢어지게 합니다. 하지만 아이가 고통 속에서 견뎌 이겨나가는 모습을 옆에서 함께 지켜본다면, 아이는 엄마가 상상하지 못할 만큼의 잠재력을 발휘하며 성장할 것입니다. 어떤 경우는 엄마가 도리어 도망가고 회피하는 경우가 있는데, 엄마들은 잊지 말고 아이에게 기회를 줘야 합니다.

아이의 가능성을 믿지 못하는 엄마들이 더러 있습니다. 이것은 아이를 신뢰하지 못하는 것이죠. 아이가 엄마를 신뢰하는 것 못지않게 엄마 역시 아이를 신뢰해야 합니다.

아이가 아기 때 뒤집기에 성공했을 때를 떠올려보세요. 엄마들은 아이가 곧 있으면 기어다닐 것을 기대하며 열심히 응원합니다. 아이가 기어다니기 시작하면 곧이어 걸음을 뗄 것이라며 흥분하게 되죠. 아이가 무수히 많은 엉덩방아를 찧어도 옆에서 응원했던 엄마는 지금 어디에 있는 걸까요?

아이가 관계에 실패했다면, 걸음마를 떼기 전에 엉덩방아를 찧는 것이라 생각해보세요. 그러면 엄마도, 아이도 한결 마음이 편안해질 것입니다. 아이가 어린이집 적응에 실패했다고 유치원도 실패할 것이라 생각하는 것은 엄마의 잘못된 믿음입니다. 오히려 유치원에 잘 적응할 수 있습니다.

그러니 쉽게 예단해 좌절하고 아이의 기회를 빼앗지 않도록 조심해야 합니다. 아이는 하루하루 몰라볼 정도로 키가 자라듯 마음도 자랍니다. 그러니 절대 늦었다고 생각하지 말길 바랍니다.

──┤ 전문가의 한마디! ├────────

- 부모의 무한 신뢰와 믿음은 잠자고 있던 잠재력을 일깨웁니다.
- 어려움을 피하기보다 어려움을 잘 이겨낼 수 있도록 옆에서 함께 견뎌주세요.

놀이는 아이의 사회성을 위한
만능 해결사

아이들은 놀이를 통해 연습을 하고, 부정적인 감정을 해소하며, 카타르시스를 느끼고, 창조적인 놀이를 통해 내적인 힘을 기릅니다. 놀이는 만능 해결사입니다.

엄마들은 마음이 급할 수 있습니다. 엄마들은 당장 우리 아이의 사회성을 어떻게 하면 잘 발달시킬 수 있는지가 가장 큰 관심사일 수 있죠. 어쩌면 이 책을 집어들어 목차를 보며 사회성의 문제를 해결하는 것은 어느 장에 있는지부터 살펴보고 그 페이지만 볼 수도 있습니다.

하지만 사회성이 발달하는 데 있어서 한 가지 요소만 존재하는 것은 아닙니다. 아이의 뇌와 정서가 균형 있게 발달해야 하듯, 부모와 자녀 관계에서 애착을 안정적으로 형성하는 것부터 시작해 긍정적인 자기 자신을 발달시키고, 그로 인해 다른 사람과의 관계도 적응적으로 맺어나가는 것이 중요합니다.

집을 지을 때 기초공사가 얼마나 중요한지 알 겁니다. 기초를 튼튼히 하기 위해선 아이가 해야 할 일과 엄마가 해야 할 일을 각각 나눠서 생각해봐야 합니다. 더불어 아이와 엄마가 각각의 역할을 하면서 동시에 통합해야 한다는 것도 잊지 말아야겠죠.

어쩌면 이 이야기가 너무도 큰 숙제처럼 느껴질 수 있습니다. 하지만 아이에게는 특별한 재능이 있다는 것을 잊지 마세요. 그 재능은 놀이를 통해서 얼마든지 실현될 수 있습니다. 놀이는 지루하거나 힘들지도 않게 무엇이든 실현할 수 있는 만능이니까요. 이것이 바로 기적 같은 놀이의 힘입니다.

놀이는 무에서 유를 창조하는 힘이 있다

아이들은 창조적인 능력을 갖고 있습니다. 놀이를 통해서라면 무에서 유를 창조할 수도 있죠. 예를 들어 아이들은 나무 블록을 갖고도 여행을 떠나는 자동차 놀이를 할 수 있습니다. 혹은 나무 블록으로 하늘을 나는 비행기를 표현할 수도 있죠.

아이들은 놀이를 통해서 연습을 하기도 하고, 좌절을 재경험함으로써 부정적인 감정을 해소하기도 합니다. 게다가 놀이를 통해서 카타르시스를 느끼고, 창조적인 놀이를 통해 내적인 힘을 기르기도 합니다. 놀이를 통해서는 그 어떤 것도 가능하기 때문입니다.

그래서 부모님은 놀이를 잘 활용해야 합니다. 아이와 놀이를 통해 상호작용에 대해 연습해볼 수도 있고, 자연스럽게 엄마와 애착관계를 더욱 돈독히 할 수도 있습니다.

아이가 놀이를 할 때 엄마가 함께 있어주기만 해도 아이는 자신의 잠재력을 마음껏 발휘한다는 사실을 알고 있나요? 다만 여기서 주의해야 할 점은 엄마가 절대로 주도적으로 놀이를 이끌면 안 된다는 것입니다.

놀이는 아이가 주인공인 세계이기 때문이죠. 아이의 세계를 그 누구도 침범해서는 안 됩니다. 아이가 놀이의 세계에 엄마를 초대했을 때만이 엄마의 참여가 가능해진다는 사실, 잊지 마세요. 놀이는 아이 고유의 세계라는 것을!

아이와 함께 놀이할 때의
규칙 5가지

아이와 함께 놀이할 때의 규칙을 부모가 잘 알고 실천해야 합니다. 부모가 이 규칙들을 지켜야만 놀이가 아이를 성장시킬 수 있습니다.

첫째, 놀이의 주인은 아이가 되어야 합니다. 부모가 주도적으로 놀이를 이끌어간다면 이미 놀이가 아니라 학습이 되고 맙니다. 학습으로 변질된 놀이를 즐거워할 아이는 아무도 없습니다. 놀이의 가장 큰 장점은 즐거움이고, 그 즐거움을 통해 무엇이든 시도할 수 있게 되는 것이 바로 놀이죠.

둘째, 놀이를 할 때는 부모도 함께 있어야 합니다. 함께 있다는 말은 공간적인 의미도 포함되지만 '부모가 반응을 어떻게 보이느냐'는 의미도 있습니다. 부모의 시선이 항상 아이가 놀이하는 곳을 향해야 합니다. 그리고 적절한 반응을 통해 아이의 놀이에 부모가 흥미를 보이고 있다는 신호를 나타내야 하죠. 그래야 아이는 엄마가 함께 있다고 느끼게 됩니다.

셋째, 자신의 놀이에 부모가 함께 있다고 느끼는 것만으로도 아이는 안정감을 얻을 수 있습니다. 이러한 안정감은 이후 세상으로의 탐색을 과감하게 하는 용기를 심어주는 계기가 되고, 앞으로 어렵고 힘든 일이 닥쳤을 때 털고 일어설 수 있는 힘도 되어줄 것입니다.

넷째, 놀이에서 부모의 반응은 그저 거울처럼만 해야 합니다. 아이가 블록을 갖고 "부릉 부릉" 한다고 "○○가 자동차를 타고 어딜 가나보다. 어딜 가는 거야?"라고 물어선 안 됩니다. 그렇게 묻는다면 아이는 금세 블록을 집어던지고 다른 놀이를 하게 될 것입니다. 왜냐하면 그 블록이 지금은 자동차일 수 있지만 금세 비행기나 기차가 될 수 있기 때문이죠. 결국 부모가 '자동차'라고 지칭한 순간, 아이가 무한대로 상상할 수 있는 기회를 빼앗아버리는 결과가 됩니다. 부모는 그럴 의도가 전혀 없었는데 말이죠.

그래서 이럴 때는 그저 거울처럼 "○○가 부릉부릉 하네"라고만 반응하는 것이 좋습니다. 그러면 아이는 그 다음 무엇으로 변할지 혹은 어떤 이야기가 펼쳐질지 부모에게 신나서 이야기하게 될 것입니다.

다섯째, 아이의 상상력에 제한을 두지 말아야 합니다. 간혹 아이가 블록을 쌓고 부수는 것만 반복할 수도 있고, 누군가를 죽이거나 싸우는 놀이를 할 수도 있습니다. 그러면 부모들은 당장 걱정을 하면서 그렇게 놀지 말라고 하죠. 하지만 놀이에서는 허용해야 합니다. 놀이는 실제가 아니기 때문이죠.

오히려 아이의 부정적인 감정을 안전하게 마음껏 쏟아낼 때 놀이의 진면목이 발휘되는 것입니다. 아이가 놀이를 통해 자신의 부정적인 감정을 쏟아내고 긍정적인 감정으로 전환하는 경우가 얼마나 많은지 부모는 아직 모른답니다. 아이들은 스스로를 치유할 수 있는 내적 능력을 타고났다는 사실을 절대 잊지 마세요.

그러니 아이가 놀이를 통해 표현하는 모든 것을 부모는 수용해 줘야 합니다. 다만 여기서 주의할 점이 있습니다. 놀이에서 아이에게 위협이 될 만한 것, 그리고 상대방에게 위협이 될 만한 것은 곧바로 멈추게 해야 한다는 것입니다. 그래야 아이가 안전하게 놀이를 마음껏 할 수 있게 되거든요.

예를 들어 뾰족한 것을 던지는 놀이로 자신이나 주변 사람들에게 해가 될 것 같은 놀이는 다치지 않는 다른 장난감으로 대체해서 던지도록 해야 합니다. 던져도 다치지 않을 말랑말랑한 것 말이죠. 또는 공 던지기 놀이를 하자고 제안했을 때 몸에는 던지지 않도록 미리 규칙을 이야기해주고 안전하게 공을 주고받는 놀이를 할 수 있도록 안내해야 합니다.

이렇듯 놀이를 통해서도 최소한의 제한 설정을 통해 오히려 안정감을 획득하도록 도와야 합니다. 놀이를 통해 아이가 해도 되는 것과 하면 안 되는 것을 자연스럽게 익힐 수 있도록 말이죠.

더불어 아이가 놀이를 통해 조절을 배우게 된다면 이보다 더 좋을 순 없겠죠? 사회성 기술에서 가장 핵심적인 것은 바로 '조절'입니다. 이것을 아이가 놀이를 통해 자연스럽게 익히게 된다면 이를 바로 '금상첨화'라고 하는 것이죠.

전문가의 한마디!

● 놀이라는 만능 키를 마음껏 활용해보세요.
● 놀이를 통해 무엇이든 현실로 가능해지는 기적을 경험하게 될 것입니다.

과연 우리 몸의 2%를 차지하고 있으며, 우리 몸 속 20%의 산소로 움직이는

것이 무엇일까요? 그 작은 2% 안에 우리가 궁금해하는 사회성이 들어 있을

까요? 이 두 질문에 대한 답을 찾아보려고 합니다. 먼저 우리 몸의 2%이며,

몸 속 산소의 20%를 사용하는 곳, 그 정답은 바로 뇌입니다. 그렇다면 과연

우리의 뇌 안에 사회성이 들어 있는지 확인해볼까요?

2장

·

뇌의 움직임으로 아이의
사회성이 달라진다

뇌의 영향으로
사회성이 달라질 수 있다

2개의 사례를 연결해보면, 사회성에 가장 필요한 요소들은 뇌에서 만들어지고 있다고 추론해볼 수 있습니다. 그렇다면 우리 몸의 2%인 뇌 안에 사회성이 들어 있을 수 있습니다.

과연 우리 몸의 2%를 차지하면서 우리 몸속 20%의 산소로 움직이는 것은 무엇일까요? 그 작은 2% 안에 우리가 궁금해하는 사회성이 들어 있을까요? 앞의 두 질문에 대한 답을 찾아보겠습니다.

먼저 우리 몸의 2%를 차지하며, 몸속 산소의 20%를 사용하는 곳은 우리의 몸을 움직이고 지배하는 뇌입니다. 뇌는 대략 1,400g의 무게를 유지합니다. '과연 뇌 안에 사회성이 들어 있을까요?'라는 질문에 대한 답을 지금부터 찾아보려고 합니다.

종영한 인기 드라마 속 주인공을 떠올려볼까요? 그는 어린 시절에 뇌수술을 받은 후 감정을 담당하는 영역의 부작용으로 사람의 다양한 감정을 읽지 못하게 됩니다. 드라마 속에서 그는 신체적으로도, 지적으로도 부족함이 없이 누구보다도 뛰어난 전문적인 지식과 이성적 판단력으로 생활하며 살아가는 모습으로 나옵니다.

하지만 그에게 가장 힘든 것은 주변 사람들의 감정을 읽지 못하는 것입니다. 타인의 감정을 쉽게 알지 못하기 때문에 많은 오해를 불러일으키거나 상처를 줄 수 있겠죠. 그렇기 때문에 다른 부분은 완벽하지만 사회성에는 어려움이 있는 주인공. 우리 몸의 단 2% 중 어느 손톱만 한 곳의 손상으로 인해 그는 완벽한 조건을 가지고도 사회성 측면에서는 어려움을 가지게 된 것입니다.

그렇다면 사회성이란 뇌의 특정 영역과 관련이 있는 것은 아닐까요?

뇌 손상으로 바뀌는
사회성

뇌 이야기를 본격적으로 하기 전에 실존 인물 한 사람을 떠올려보려고 합니다. 한 번쯤은 과학시간에 혹은 지나가는 이야기로 들어보았을 피니어스 게이지(Phineas Gage)라는 인물입니다.

1848년 9월 13일 미국 뉴잉글랜드 철도회사의 감독관이었던 피니어스 게이지는 공사 현장에서 커다란 바위 구멍에 폭발물과 쇠막대기를 넣은 뒤 바위를 쪼개는 발파 작업을 진행하고 있었습니다. 그날 게이지는 화약물을 다루는 과정에서 실수를 했고, 그 결과 예고 없이 화약물은 폭발하게 되었습니다.

폭발 순간 쇠막대기는 게이지의 왼쪽 뺨에서 오른쪽 머리 윗부분을 뚫고 지나가버렸습니다. 눈 깜짝할 사이에 일어난 사고로 인해 게이지는 머리에 9cm가 넘는 구멍이 생기게 되었습니다. 주변의 예상과 달리 게이지는 회복하게 되었고, 다행히 사고 후 게이지의 지적 능력과 운동 능력은 이전과 동일했습니다.

하지만 게이지는 사고 전의 게이지와 전혀 다른 사람이 되었습니다. 사고 전 게이지는 성실하고 친절해 주변 사람들에게 인기가 많은 사회성이 아주 좋은 사람이었습니다. 하지만 사고 후 게이지는 "주변에서 포기할 만큼 고집불통이고, 기분과 감정이 쉽게 변하고, 폭력적이며, 말과 행동을 즉흥적으로 하는 사람"이라고 그를 치료한 의사는 설명했습니다. 즉 게이지는 더 이상 주변 사람들과 함께 더불어 살아갈 수 있는 사회성이 좋은 사람이 아니었습니다.

사고 후 그는 직장과 주변 사람들과 어울리지 못하고 방황하며 살다가 사고 이후 13년 만에 결국 간질 발작으로 사망하게 됩니다. 그 후 150년이 지난 1994년 의학계는 게이지의 뇌를 연구했고, 그 결과 게이지의 뇌는 가장 앞쪽과 안쪽 부분이 손상되어 있었습니다. 그 손상 영역은 상대방의 기분과 사회적 맥락 등의 이해, 의사결정능력, 공감 능력 등 사람을 사회적 구성원으로 만들어주는 역할을 한다는 사실을 알려주는 계기가 되었습니다.

지금까지 2가지 사례를 통해 우리는 사회성에 가장 필요한 요소들은 뇌에서 만들어지고 있다고 추론해볼 수 있습니다. 그렇다면 우리 몸의 2%를 차지하는 뇌 속에 사회성이 들어 있을 수 있습니다. 이제 우리의 사회성을 만들어줄 수 있는 뇌에 대해 이야기해봅시다.

전문가의 한마디!

● 뇌의 움직임으로 당신의 사회성이 달라질 수 있습니다.
● 사회성에 가장 필요한 요소들은 뇌에서 만들어지고 있습니다.

사회적 활동을 할 수 있는 것은
뇌의 영향 때문이다

뇌 안에 우리의 몸, 생각, 감정 등을 움직이는 조정장치가 빼곡하게 들어 있습니다. 하지만 어느 영역이 우리 신체와 정서를 어떻게 조정하는지는 정확히 알려져 있지 않습니다.

아침 7시, 침대 위 알람시계가 우렁차게 울립니다. 우리는 청각기관을 자극하는 알람소리를 듣고 몸을 일으켜 하루를 시작해야 한다는 것을 인지하게 됩니다. 겨우 침대에서 고개를 돌려 시각기관으로 들어오는 창문 밖 햇빛을 보며 다시 한 번 하루의 시작인 아침을 인지합니다. 일어나고 싶지 않지만 그동안의 정보와 경험으로 지금 일어나지 않으면 지각임을 알고 있습니다.

이성적인 판단력에 따라 지각을 하지 않기 위해서 빠르게 침대에서 몸을 일으켜 사회구성원으로 살아갈 준비를 시작합니다. 몸을 일으켜서 창문을 열고 촉각기관으로 공기의 온도를 느낀 뒤 그동안의 경험을 바탕으로 오늘 입을 옷을 선택하게 됩니다.

이렇게 우리들은 침대에서 눈을 뜨는 순간부터 눈을 감는 순간까지 생활 속에서 사회의 한 구성원으로 살아가기 위해서 감각기관을 통해 수많은 시각, 청각, 촉각 등을 지각합니다.

특별한 노력 없이 그 감각정보 중 지금 나에게 필요한 정보만을 뽑아서 경험, 지식, 기억, 동기, 의도, 정서적 요소로 해석합니다. 그런 다음 지금 나의 상황에서 적합한 사회적 행동을 유도하고 실질적으로 행동하며 살아가고 있습니다.

이 과정 중 어느 한 부분이라도 올바르게 움직이지 않으면 적합한 사회적 행동은 할 수 없게 됩니다.

1,400g인 뇌에서
사회성이 시작된다

이 책을 읽고 있는 지금, 일상적이고 특별하지 않은 이 과정이 모두 사회성의 시작이라면, 일상적인 이 과정이 이루어져야 우리가 원하는 사회성이 올바르게 시작하고 성장할 수 있다면, 특별하지 않지만 매우 특별한 이 과정에 관심을 가져야 하지 않을까요?

이 과정에서 가장 핵심적인 역할을 하는 것은 바로 뇌입니다. 뇌는 우리 몸에서 가장 복잡하고 신비로운 곳이라고 합니다.

뇌가 복잡하다는 이유는 1,400g인 뇌 안에 우리의 몸, 생각, 감정 등 모든 것을 움직이는 조정장치가 빼곡하게 들어 있기 때문입니다. 뇌가 신비로운 이유는 아직도 어느 영역이 우리 신체와 정서를 조정하는지 전부 밝혀진 것이 아니기 때문입니다.

이 작고 중요한 부분이 당신의 소중한 아이의 모든 것을 움직이고 있다면 한 번쯤 관심을 가지고 이해할 필요성은 있어 보입니다. 그렇다면 사회성 형성의 기본이자 필수요소인 애착·자아·감정에 대한 뇌 이야기를 이해해봅시다.

전문가의 한마디!

- 뇌는 우리 몸에서 가장 복잡하고 신비로운 곳입니다.
- 당신이 사회적 행동을 할 수 있는 것은 당신의 두뇌가 끊임없이 움직이고 있기 때문입니다.

사회성의 시작은 모방이다_
"내가 좋으면 너도 좋아"

———

내 아이의 사회적 관계의 시작을 웃음으로 혹은 슬픔으로 하게 할 것인지는 당신의 마음에서 나오는 표정에 의해 결정될 수 있습니다.

할머니와 할아버지 품에 안긴 손녀딸. 생후 몇 개월이 되지 않은 갓난아기는 할머니와 할아버지가 자신을 보면서 웃어주는 미소에 화답하듯이 자연스럽게 미소를 보여줍니다. 할머니와 할아버지는 또 그 미소가 신기해 행복해하면서 눈에 사랑을 듬뿍 담아서 다시 아기에게 미소를 보내줍니다.

누가 먼저 미소 보내기를 시작했는지는 모릅니다. 이렇게 상대방의 미소를 보면서 말을 하지 못하는 아기도 따라서 미소를 보내줄 수 있습니다.

믿지 못할 사건이 있었습니다. 1960년 초에 탄자니아에서 전염병이 발병했습니다. 이 전염병의 주요 증세는 '웃음을 참지 못하는 것'입니다. 한 번 터진 웃음은 몇 분에서 몇 시간 동안 지속되었다고 합니다.

이 전염병이 더 무서운 것은 바로 옆 사람들에게도 쉽게 전염이 된다는 점입니다. 그래서 2년 동안 무려 약 1천 명의 사람들이 '웃음을 참지 못하는 병'에 걸려서 학교도, 회사도 잠시 중단했다고 합니다.

과연 실제 존재하는 전염병일까요? 우리의 학창시절을 떠올려 봅시다. 탄자니아에서의 사건처럼 몇 시간 동안 그리고 1천여 명까지는 전파되지 않았지만 옆 짝꿍의 웃음소리에 이유도 모르게 덩달아 웃어서 선생님에게 혼난 적이 있지 않은가요? 웃음뿐만 아니라 하품은 어떤가요? 지하철에서 마주보고 있는 사람이 하품을 하면, 마주보고 앉은 사람을 시작으로 양옆 사람들도 하품을 하기 시작합니다.

왜 이런 일이 생겨날까요? 바로 우리의 뇌가 주변 움직임이나 동작을 반사적으로 모방하려는 특성을 가지고 있기 때문이라고 합니다. 특히 뇌의 전운동 영역은 웃는 얼굴을 볼 때 더 활발하게 움직임을 담당해 반사적으로 웃음을 보일 수 있도록 합니다. 그래서 "웃는 얼굴에 침 뱉지 못한다"라는 속담이 생겨난 것은 아닐까요? 상대방의 웃는 얼굴에 나도 웃을 수 있기 때문입니다.

사회성의 시작은
모방이다

내 아이도 동일합니다. 당신이 아이에게 먼저 웃음을 보인다면 아이도 똑같이 당신에게 웃음을 보여줄 수 있습니다.

우리의 뇌는 상대방의 웃음과 미소뿐만 아니라 감정을 바탕으로 표현되는 표정도 동일하게 느끼고 모방할 수 있다고 합니다. 사람이 태어나서 가장 먼저 맺게 되는 관계는 과연 누구일까요? 제일 먼저 맺는 관계에서 어떤 자극을 받으면 행복할 수 있을까요? 모두가 긍정적인 자극이라고 대답할 것입니다.

따라서 내 아이에게 제일 먼저 전운동 영역을 자극할 수 있는 웃음으로 관계를 시작해준다면, 그 아이는 행복한 웃음으로 사회적 관계를 시작하게 되는 것입니다. 즉 내 아이의 사회적 관계의 시작을 웃음으로 혹은 슬픔으로 하게 할 것인지는 당신의 마음에서 나오는 표정에 의해 결정될 수 있는 것입니다.

가끔 아이를 키우면서 '우리 아이는 엄마만(아빠만) 좋아하는 것 같다'라고 생각될 때가 있습니다. 그 이유는 아이가 나를 좋아하는 표정으로 보지 않기 때문입니다. 혹은 나를 보고 웃지 않기 때문입니다.

아이에게 질문합니다. "엄마가(아빠가) 너를 얼마나 사랑하는데 왜 엄마를(아빠를) 보고 웃지 않니? 좋아하지 않니?"

아이에게 물어보기 전에 거울 속 당신의 표정을 보고 질문해볼까요? 과연 당신은 아이를 보면서 얼마나 행복하고 사랑스러운 표정을 보여주고 반사시켰나요?

아이는 오로지 당신의 표정과 행동을 반사해 모방하고 있을 뿐입니다. 따라서 아이가 당신에게 웃지 않고 있다면, 당신이 아이에게 충분하게 웃어주지 않기 때문일 수도 있습니다.

충분히 사랑스럽게 행복한 표정을 보여주었다고 생각했는데, 우리 아이는 왜 반사를 못 시킬까요? 그것은 당신의 기준일 뿐입니다. 아이의 뇌는 당신의 표정이 아직 부족하다고 인식합니다.

아이의 뇌가 충분히 반사시킬 수 있을 정도로 크고 환한 표정으로 내 아이를 바라봅시다. 내 아이의 두뇌에서 웃음으로 사회적 관계를 인지할 수 있도록!

전문가의 한마디!

- 당신의 웃음으로 내 아이의 사회성이 웃음으로 시작될 수 있습니다.
- 아이의 뇌가 충분히 반사시킬 수 있을 정도로 크고 환한 표정으로 아이를 바라봅시다.

옥시토신이 사회적 기능을
담당하는 뇌를 움직인다

실제 연구 결과 포옹하는 수와 옥시토신의 양은 정비례한다고 합니다. 이 연구 결과를 믿는다면 지금 당장 아이를 안아줘야 하는 충분한 이유가 될 것입니다.

최근 '엄마의 호르몬, 사랑의 호르몬'이란 이름으로 뇌과학 분야에서 관심받는 호르몬이 옥시토신입니다. '행복의 호르몬'이라 불리는 도파민은 '쾌감의 호르몬' 세로토닌과 함께 '사랑의 호르몬'으로 기억할 수 있는 호르몬입니다.

그렇다면 왜 옥시토신이 '엄마의 호르몬'일까요? 이 호르몬은 엄마가 아기에게 모유를 줄 때 가장 많이 분비된다고 합니다.

모유는 어떤 의미이고, 전해주는 엄마의 마음은 어떨까요? 이를 생각할 수 있다면 호르몬의 이름에서 사랑을 느낄 수 있을 것입니다. 모유를 먹이는 순간 아이는 세상의 전부를 느낄 것이고,

엄마는 자신의 온몸을 다해 세상과 사랑을 전달해주려고 할 것입니다. 즉 이런 모성의 힘이 전달되는 그 순간, 뇌에서 옥시토신이란 호르몬이 분비된다고 합니다.

이 호르몬은 이전부터 존재했지만 왜 최근에 이슈가 되었을까요? 이 옥시토신이 모유를 수유할 수 있는 엄마뿐만 아니라 남성에게도 나이 상관없이 분비되고, 더 놀라운 것은 강아지까지도 분비될 수 있기 때문입니다.

그렇다면 옥시토신이 동물과 남녀노소 상관없이 분비된다는 것이 새로운 사실이라 이슈가 되었을까요? 아닙니다. 이것이 이슈가 된 이유는 이 옥시토신이 사회적 행동을 형성하기 위한 친밀감, 신뢰감 형성, 및 스트레스 해소 등 다양한 측면에서 우리에게 영향을 주기 때문입니다.

옥시토신 호르몬이
사회적 뇌를 자극한다

대표적으로 미국 예일대학교와 스탠퍼드대학교 등에서 자폐성 발달장애 아이들과 실험을 한 결과가 있습니다. 이 자폐성 발달장애 아이들은 타인에 대한 공포감, 두려움, 불안감이 높아서 사회적으로 소통하는 것이 매우 힘든 부분이 있어 대표적으로 사회성이 부족한 장애 유형입니다.

그런데 이러한 자폐성 발달장애 아이들에게 옥시토신 호르몬의 분비량을 증가시키자 타인에 대한 공포감 등이 감소하면서 사회적 기능을 담당하는 뇌 부분이 움직이고, 사회적 관계에 관심이 높아졌다고 합니다. 이 정도면 옥시토신 호르몬이 사회성 관계를 형성하기 위해서 기본적으로 필요한 호르몬이라고 생각할 수 있지 않을까요?

또한 옥시토신 호르몬의 농도가 높으면 타인에 대한 신뢰도와 친밀감이 높아진다고 합니다. 이것을 반대로 해석하면 상대방에게 신뢰감과 친밀감을 느끼게 되면 옥시토신 호르몬 수치가 높아지는 것입니다.

그렇다면 아이의 사회성 향상을 중요하게 생각한다면, 꼭 이 신기한 옥시토신의 분비량을 증가시켜야 할 것입니다.

부모의 사랑에서
사회성은 시작된다

그러면 지금부터는 옥시토신 분비량을 증가시킬 방법을 알아볼까요? 옥시토신의 분비는 다행히 많은 돈이 들어가지 않습니다. 그리고 많은 시간도 필요하지 않습니다. 또한 병원에 가서 약 처방이나 주사로 해결되는 부분이 아닙니다. 옥시토신의 분비는 '모성'이란 단어가 힌트입니다.

눈을 감고 모성이란 단어를 떠올려볼까요? 당신은 무엇이 떠오르나요? '모성=엄마', 나에게 한없이 무언가를 주는 사람, 무한 사랑입니다.

당신이 엄마에게 사랑을 느끼는 순간은 언제일까요? 사람마다 다르지만 대부분 스킨십을 떠올릴 수 있습니다. 엄마가 나를 안아줄 때, 엄마가 머리를 쓰다듬어줄 때, 뽀뽀해줄 때, 눈을 마주칠 때 등 사람은 아주 어린 아기 시절 엄마에게 스킨십을 받으면서 사회성에 필요한 옥시토신 호르몬이 처음 분비된다고 합니다. 세상에서 가장 강한 사회적 친밀감과 사랑으로 옥시토신 분비가 시작되는 것입니다.

즉 엄마를 통해서 사회성의 문이 열리는 것입니다. 이것은 꼭 모유를 먹어야 한다는 의미가 아닙니다. 혹은 꼭 엄마가 있어야 한다는 말도 아닙니다. 누군가가 나를 이 세상에서 따뜻하게 안아주고, 손을 잡아주고, 눈을 맞춰준다면 사회성에 필요한 사랑의 호르몬이 분비되어 사회적 관계를 맺을 준비를 할 수 있는 것입니다.

실제 연구 결과, 포옹하는 수와 옥시토신의 양은 정비례한다고 합니다. 이 연구 결과는 지금 당장 아이를 안아줘야 하는 충분한 이유입니다.

또한 옥시토신을 분비하기 위해서는 스킨십뿐만 아니라, 앞서 언급했듯이, 자신을 향한 신뢰와 존중감이 있어야 합니다. 감정이 없는 기계적인 스킨십보다는 눈으로, 몸으로 느낄 수 있는 스킨십 속에 기본적으로 아이를 향한 신뢰와 존중이 필요한 것입니다.

오늘부터 내 아이의 사회성이 고민스럽다면, 고민스러운 눈빛은 버리고 지금 당장 아이의 손을 잡고 따뜻하게 안아주면서 웃음을 보여주세요. 그때 내 아이의 뇌는 사회성 향상을 위한 힘을 얻고 움직일 수 있는 것입니다.

전문가의 한마디!

● 옥시토신은 사회적 기능을 담당하는 뇌를 움직입니다.
● 아이의 사회성은 당신의 따뜻한 눈맞춤에서 시작됩니다.

자아를 인식하는 기능은
우뇌에 있다

자아의 성격 및 경향은 오른쪽 전두엽에. 자아의 타인과의 구분은 오른쪽 두정엽에 존재합니다. 지금 당신이 나(자아)를 인식하기 어렵다면 우뇌를 깨워야 합니다.

한 번쯤은 '나는 누구이고, 어디에서 왔으며, 어디에 있는 것일까'에 대한 질문에 대해 생각해보았을 것입니다. 매우 철학적인 질문이죠. 과연 '나'라는 존재는 어디에서 왔으며, 지금 나는 어디에 있는 것일까요? '나=자아=자기 자신', 사회적 관계를 맺기 위해서는 우선 '나=자아'부터 알아야 하지 않을까요?

'나'라는 존재에 대해서는 종교적인 부분과 과학적인 부분으로 연결시켜 질문에 대한 답을 찾을 수도 있겠지만, 그렇다면 나는 어디에 있는 것일까요? 지금 지구-대한민국-서울-00동-00아파트에 있는 것이 전부일까요? 생각하면 할수록 어려워집니다.

그렇다면 어려운 철학이나 종교적인 답이 아닌 사회적 관계를 맺기 위한 기본으로, 나는 누구이고 어디에 있는지에 대한 질문의 답변을 뇌에서 찾아봅시다.

하버드의과대학의 줄리언 키넌 교수 연구팀도 '나는 누구인가? 어디에 있을까?'라는 철학적인 질문을 던지면서 2001년 재미있는 실험을 하게 되었습니다. 실험은 인간의 두뇌 왼쪽과 오른쪽을 각각 번갈아 마취를 시켜 과연 나의 모습을 찾아내는 쪽은 어느 쪽인지를 확인하는 것이었습니다.

실험 대상자 두뇌의 왼쪽(좌뇌)을 마취한 뒤 본인의 얼굴과 유명인사의 얼굴을 합성해서 보여주면서 누구인지를 질문했습니다. 실험 대상자는 합성된 자신을 보고 자신의 얼굴이 보인다고 대답했습니다. 하지만 두뇌의 오른쪽(우뇌)을 마취한 뒤 동일한 사진을 보여주고 질문을 하자 유명인사의 얼굴만 보인다고 대답했습니다. 즉 연구팀은 '나는 어디 있는가?'라는 철학적인 질문에 "인간의 시초는 흙에서 시작했지만 '나=자아'는 오른쪽 두뇌에 지금 존재한다"고 답변해주었습니다.

우리가 나를 인식하고 발견할 수 있는 것은 우뇌가 움직이고 있기 때문입니다. 그래서 우리 아이들도 우뇌가 완전하게 발달하기 전 18~24개월 전에는 거울 속 자신의 모습을 알아보지 못하는 것도 동일한 이유입니다. 지금 당신이 나(자아)를 인식하기 어렵다면 우뇌를 깨워야 합니다.

'나=자신'은
우뇌에 있다

실험 결과 '나=자신'이 우뇌에 존재한다년 더 세부적으로 오른쪽 전두엽은 개인의 성격 및 경향과 가치관 형성에 영향을 주고 있습니다. 즉 오른쪽 전두엽이 손상되면 '나'를 전혀 인식할 수 없다고 합니다.

예를 들면 오른쪽 전두엽이 손상되면 과거의 기억이 사라지면서 개인의 고유한 취향이나 성격 등 나에게만 존재하는 유일성이 사라지게 됩니다. 앞에서 언급한 미국 뉴잉글랜드 철도회사의 감독관이었던 피니어스 게이지 사건이 사례가 될 수 있습니다.

이젠 오른쪽 두정엽입니다. 두정엽은 공간적인 인지처리 능력과 연관된 곳입니다. 두정엽의 활동으로 우리집과 옆집, 내 손과 엄마의 손, 내가 먹고 싶어서 아이스크림을 먹는지 아니면 엄마가 먹으라고 해서 야채주스를 먹는 것인지 등을 판단할 수 있게 됩니다. 그래서 오른쪽 두정엽이 손상된다면 실제로 자신의 팔을 자기 것으로 인식하지 못해 누군가의 팔이 내 몸에 붙어서 움직이는 것 같다고 합니다.

이렇게 자아의 성격 및 경향은 오른쪽 전두엽에 존재하고, 자아의 타인과의 구분은 오른쪽 두정엽에 존재해 오늘도 우리가 타인과 다름을 인정하면서 나(자아)답게 살아갈 수 있습니다.

내측 전전두피질
사회성을 담당하는 핵심 부분

지금까지 '나=자아'의 위치를 알아냈다면, 이제는 나를 넘어서 우리, 즉 사회성을 담당하는 뇌를 찾아보려고 합니다. 결론부터 이야기한다면, 사회성을 담당하는 뇌의 영역은 어느 한 부분이 아닙니다. 즉 어느 한 부분이 독립적으로 활동한 결과로 사회성이 완성되는 것이 아니라는 의미입니다.

사회성 자체가 그렇지 않을까요? 사회성의 형성과 발전은 단순히 어느 한 영역의 발달로만 이루어지는 것이 아닙니다. 친구를 보면 인사를 해야 하기 때문에 운동 영역도 필요하고, 손을 흔들었다면 "안녕"이라고 말하는 언어 영역도 필요합니다.

이렇듯 사회성은 여러 영역이 복합적으로 움직여야 형성될 수 있습니다. 이러한 측면에서 사회성을 담당하는 특정한 영역이 있을 수 없다는 것은 어쩌면 당연한 것일지 모르겠습니다.

그래도 '사회성을 담당하는 핵심 부분이라고 할 수 있는 영역이 있을까요?'라고 질문한다면 '내측 전전두피질'이라고 대답할 수 있습니다. 이곳은 두뇌의 오른쪽과 왼쪽 전두엽 모두가 만나는 한가운데에 위치합니다.

양쪽의 두뇌가 만나는 가운데(중앙)라면 위치적으로 가장 중요하거나 하나로 통합되는 지점이 아닐까요? 이런 점에서 볼 때 두뇌 발달의 종합적인 측면은 사회성의 영향을 받는다는 생각이 듭니다.

이 내측 전전두피질은 먼저 사람과 사물을 구분시켜 줍니다. 그리고 나를 인식해 타인 등 여러 사람들의 관계를 이해하고, 그 사이에서 '나=자아'의 모습을 유지할 수 있도록 활동합니다. 즉 타인과의 관계에서 친밀감과 거리감 등을 빠르게 인식해 행동할 수 있도록 도와주는 것입니다. 또한 상대방의 마음을 인지하고 그 관계에서 동일하게 '나=자아'의 모습을 유지할 수 있는 기능을 담당합니다.

따라서 내측 전전두피질이 손상된다면 사회적으로 참여해야 하는 곳과 참여하지 말아야 하는 곳을 구분하기 어렵습니다. 또한 자신의 모습을 올바르게, 적절하게 유지하는 것이 힘들어집니다.

전문가의 한마디!

- 나(자아)의 성격 및 경향은 오른쪽 전두엽에, 나(자아)의 타인과 구분은 오른쪽 두정엽에 저장되어 있습니다.
- 내측 전전두피질은 나와 타인의 관계를 이해하고 움직일 수 있도록 도와주는 두뇌 영역입니다.

편도체가 신체적 안전과
사회적 안전을 책임진다

———

편도체가 손상되었다면 실제로 우리의 몸을 안전하게 지킬 수 없습니다. 더불어 이 작은 아몬드는 반사적인 본능뿐만 아니라 사회생활에서도 우리를 지키기 위해 활동합니다.

사회적 관계를 형성하고 유지하기 위해서는 어떤 행동이 가장 필요하다고 생각하나요? 이전에는 없었는데 사회생활을 하다 보니 생긴 자신만의 행동이 있나요? 그렇다면 그런 행동들은 왜 생기게 되었을까요? 아마 그에 대한 답은 '사회생활에서 살아남기 위함'이라고 할 것입니다. 즉 사회에서 나의 몸을 지키기 위함입니다. 생존, 즉 살아남기 위한 행동입니다.

청소년 시절에 선도부 선생님을 보면 왠지 잘못한 것이 없는데도 알 수 없는 긴장감에 이름표를 더 잘 보이는 위치에 두고 괜스레 밝게 인사를 했을 겁니다. 시험을 본 뒤에는 엄마의 기분을 살펴 성적표를 내밀어야 하는 타이밍을 치밀하게 노렸을 겁니다. 직장에서는 부장님의 아침 기분을 눈치 빠르게 파악해 그 기분에 맞춰 행동했을 겁니다. 여러 구성원 중 과연 누가 나의 편이 되어 줄 수 있을지 파악한 뒤 친해지려 행동했을 겁니다. 상대방이 나에게 거짓말을 하는지, 진실을 이야기하는지 귀를 쫑긋 세우고 들었을 겁니다.

이처럼 우리는 다양한 생활환경 속에서 생존을 위해 나 자신도 모르게 많은 행동을 하게 됩니다. 생명이 걸린 문제이기에, 이는 살아남기 위한 행동입니다.

우리 아이들은 어떤가요? 엄마에게 혼이 나면 억울하다는 표정과 울음소리를 키우면서 조금씩 할머니 방 앞으로 이동합니다. 그리고 할머니 방 앞에서 나의 편인 할머니가 나올 때까지 온몸으로 자신의 억울함을 표현합니다. 결국 할머니가 나오는 순간 모든 상황이 정리됩니다.

아이는 어떻게 알았을까요? 할머니가 자신의 편이고, 할머니가 나오면 상황이 정리된다는 것을 아무도 알려주지 않았는데 어떻게 알았을까요?

아이를 할머니 방으로 움직이게 한 것은 바로 아이의 머리 깊숙한 곳에 있는 엄지손가락만 한 아몬드입니다. 그 아몬드가 아이를 할머니 방으로 움직이게 하고, 당신이 출근 후 부장님의 얼굴 표정을 관찰하게 하는 것입니다.

건강을 지켜주는
작은 아몬드인 편도체

그 아몬드의 이름은 편도체입니다. 당신의 신체적인 생존을 위해 심장이 필요하다면 그 심장이 지금까지 안전하게 유지할 수 있는 것도 편도체 때문입니다.

이 편도체는 원시시대부터 지금까지 여전히 우리의 두뇌 깊은 곳에서 활동하고 있다고 합니다. 편도체는 기본적으로 시각·청각·촉각으로 우리의 신체 위험을 감지하고, 위험 정보에 따라서 본능적으로 방어하는 역할을 합니다. 깊은 산 속에서 부스럭거리는 소리를 듣고 반사적으로 몸을 웅크리게 하는 행동, 높은 곳에서는 무서워서 함부로 뛰지 않는 행동 등, 이 모든 것이 편도체가 하는 일입니다.

만약 편도체가 손상되었다면 실제적으로 우리는 우리의 몸을 안전하게 지킬 수 없습니다. 더불어 이 작은 아몬드는 반사적인 본능뿐만 아니라 사회생활에서도 우리를 지키기 위해 활동합니다.

화가 난 엄마에게 성적표를 보여주면 엄마의 화가 2배가 될 수 있다는 사실을 파악하고 성적표를 숨기는 행동, 상사의 얼굴 표정과 기분을 빠르게 체크하는 행동, 보이스피싱 전화가 오면 필요 없는 전화임을 알고 끊는 행동 등은 편도체가 알아서 적절하게 행동할 수 있도록 한 결과인 것입니다.

위의 상황들을 정리해보면, 편도체는 불안과 공포로부터 '나=자신'을 지키는 호위무사입니다. 세상의 수많은 자극 중 공포와 불안을 주는 자극이 나타나면 짠하고 등장해 불안과 공포를 낮추기 위한 대처 행동을 선물해줍니다.

세상을 살아가면서 한 번쯤은 생각하게 됩니다. 세상에 내 편은 없는 것 같다고. 나만을 위로해주고, 나만 생각해주는 진짜 내 편이 있었으면 좋겠다고.

지금까지 몰랐네요. 내 편이 나의 머릿속에 있다는 것을. 오늘부터 꼭 기억하세요. 나만 보고 있는 내 편이 나의 머릿속에, 아주 가까운 곳에 있습니다.

▎전문가의 한마디!

● 편도체는 나의 신체적 안전, 사회적 안전을 책임지고 있는 아몬드입니다.
● 나의 머릿속 작은 아몬드(편도체)는 나를 지켜주는 영원한 내편입니다.

편도체와 전두엽의 상호작용이 사회성을 변화시킨다

경험에 따라 사회성은 변화할 수 있습니다. 즉 우리 아이의 사회성은 주변 환경을 잘 만들어준다면 충분히 긍정적으로 변화될 수 있습니다.

엄마가 두 아들에게 "우리 점심 먹고 쿠키 만들자"라고 이야기합니다. 큰아이 정민이는 "우아 재미있겠다"라고 이야기하면서 엄마와 함께 쿠키 만들기 시간을 기다립니다. 작은 아이 창민이는 '귀찮은데 그냥 쿠키 안 먹고 싶다'라고 생각하면서 어떻게 하면 쿠키를 안 만들어도 될지 그 방법에 대해 고민하기 시작합니다.

정민이에게는 쿠키 만들기 시간이 하나의 즐거움이지만 창민이에게는 동일한 쿠키 만들기 시간이 스트레스 요인이 되는 것입니다. 왜 같은 쿠키 만들기 작업인데 사람마다 다르게 받아들이는 것일까요?

같은 상황이지만 사람마다 다른 생각과 감정으로 반응할 수 있는 것은 어떤 이유에서일까요? 그것은 바로 유전적인 기질과 생후 경험 및 학습 때문입니다. 이는 두뇌의 편도체와 전두엽의 상호작용으로 나타나는 결과라고 할 수 있습니다. 즉 편도체와 전두엽의 끊임없는 상호작용으로 사람마다 각기 다른 생각과 감정을 가지고 생활할 수 있습니다.

우리 아이들을 생각해볼까요? 아이들은 태어나서 양육자와의 상호작용을 통해 자신의 타고난 기질 중 어느 부분은 발달되고, 어느 부분은 수정되면서 점차 자기 모습을 만들어갑니다.

친구들에게 쉽게 짜증을 내는 아이는 자신의 행동에 따른 부정적인 피드백으로 인해 짜증내는 행동을 점차적 줄여나갑니다. 예민하고 신경질적인 아이는 안정된 사람의 긍정적인 피드백으로 인해 예민함이 감소되는 모습을 보입니다.

이처럼 타고난 기질적인 성향은 환경 속 편도체와 전두엽의 상호작용으로 인해 보다 긍정적인 방향으로 완성될 가능성이 있습니다. 즉 사회적인 측면, 정서적인 측면, 행동 조절 측면은 교육과 훈련으로 변화될 수 있습니다.

우리의 편도체와 전두엽이 끊임없이 상호작용할 수만 있다면 무엇이든지 변화할 수 있습니다. 즉 우리 아이의 사회성 기술 역시 변화 환경을 잘 만들어준다면 충분히 긍정적으로 변화할 수 있습니다.

이해할 수 있는 변화,
공감 능력 발달

하나의 예로 사회성 향상을 위한 필수조건인 우리 아이의 공감 능력은 주변 인물의 행동과 감정을 주고받는 경험으로 발달됩니다. 부모의 신체적 스킨십, 눈맞춤, 대화라는 경험을 통해 아이들 자신이 사랑을 받고 있음을 느끼고 이해될 때 두뇌의 전두엽 영역으로 감정을, 전두대피질 영역으로 인지적 이해를 바탕으로 공감능력이 발달되기 시작합니다. 이러한 과정으로 인간에게만 발달되는 상대방의 기쁨이나 고통을 자신의 기쁨과 고통으로 느낄 수 있는 능력이 성장하는 것입니다.

더불어 이러한 과정은 감정뿐만 아니라 전두대피질 영역이 포함되면서 눈앞에 놓인 사회적 갈등을 해결함에 있어서 인지적 전략을 세울 수 있는 능력도 같이 성장됩니다. 즉 사회적 상황의 갈등을 해결할 때에는 상대방의 감정을 알고, 객관적인 인지적 능력을 바탕으로 상황을 살피고 올바른 판단을 할 수 있도록 전두엽과 전두대피질의 활동이 필요합니다.

이해할 수 없는 변화,
공감 능력 저하

한편 폭력적인 게임이나 자극에 자주 노출될 경우에는 전두대피질 중 문측전두대상피질의 활동이 두뇌에서 억제된다고 합니다. 억제가 지나치게 되면 기능의 활동 저하로도 연결될 수 있습니다. 그 결과 공감하는 능력이 부족해 상대방의 아픔이나 사회적인 갈등을 처리하는 능력이 발휘되지 않을 수 있습니다.

실제적으로 이 부분의 활동이 저하되면 상황 판단을 올바르게 할 수 없게 됩니다. 또한 생활의 동기화가 감소되면서 동시에 감정적인 표현과 사고가 감소되어 우울증 증세를 보이거나 사회성이 부족한 행동으로 연결될 수 있다고 합니다.

이렇듯 두뇌는 주변의 상호작용에 따라 끊임없이 발달·성장하거나 억제될 수 있습니다. 따라서 사회성 기술 향상을 위해서는 긍정적인 방향으로의 지속적인 교육과 훈련이란 경험이 필요합니다.

전문가의 한마디!

● 편도체와 전두엽의 상호작용으로 우리는 변화할 수 있습니다.
● 전두엽의 움직임으로 우리는 서로의 상황과 감정을 이해할 수 있도록 변화할 수 있습니다.

아이들의 두뇌는
하나의 멋진 조각품이다

많이 반복되는 경험 순으로 시냅스가 튼튼해집니다. 100번의 긍정적 자극이 주어지면 100번만큼 튼튼해지고, 아무리 좋은 자극이라도 한 번만 주어졌다면 곧 사라집니다.

우리의 두뇌 속에는 그동안의 경험을 바탕으로 감각 정보를 분석해 처리하면서 적절하게 상황에 맞게 반응 및 행동할 수 있도록 수십억 개의 뉴런과 이보다 많은 시냅스가 존재합니다. 즉 시냅스는 인간이 살아가는 데 중요한 정보들을 기억하고, 저장된 기억들을 연결하고 사고하면서 움직일 수 있도록 도와줍니다.

　모든 학습과 경험은 시냅스를 활용하는 것이라고 할 수 있습니다. 무엇이든지 처음은 누구에게나 어렵다고 합니다. 하지만 어려운 일도 반복하다 보면 가장 쉬운 일이 되기도 합니다.

　운전을 처음 하는 초보 운전자, 그런데 10년이 지나도 초보 운전자일까요? 처음 김치찌개를 만들기 위해서 우왕좌왕하면서 주방의 모든 도구를 사용하면서 겨우겨우 완성합니다. 하지만 여러 차례 김치찌개를 만들다 보면 눈감고도 만들 수 있는 쉬운 음식이 되어버립니다. 이는 두뇌에서 운전을 남낭하는 시냅스가 10년이란 기간을 통해 점점 운전에 필요한 정보만을 빠르고 익숙하게 처리하기 때문입니다.

김치찌개 역시 처음에는 음식을 만드는 시냅스가 없어서 어렵지만, 시간이 흐르면서 음식을 만드는 정보만 빠르고 익숙하게 처리하게 되면서 김치찌개를 쉽게 만들 수 있게 됩니다. 더불어 시냅스를 확장 및 응용할 수 있게 되면서 김치찌개와 비슷한 음식은 처음보다는 비교적 쉽고 빠르게 성공할 수 있게 됩니다.

이는 모두 두뇌 속 시냅스 때문이라고 할 수 있습니다. 우리가 무언가를 배우고 변화하고 창조할 수 있는 것은 모두 두뇌 속 시냅스 때문입니다.

반복적으로 사용하면
튼튼해진다

이러한 시냅스는 태어나서 2세가 될 때 이미 성인과 비슷한 수를 갖게 됩니다. 또한 3세에는 대략 1천조 개의 시냅스가 형성되어 이후 약 7년 동안 이 숫자를 안정적으로 유지하게 됩니다. 하지만 청소년기부터는 사용하지 않는 시냅스들은 서서히 사라지면서 그 수가 반으로 줄어들게 됩니다.

여기서 중요한 것은 그 수가 반으로 줄어드는 것이지 0%로 사라지는 것은 아닙니다. 이 때문에 성인이 되어서 죽을 때까지 새로운 것을 배우면서 나의 것으로 완성할 수 있게 되는 것입니다. 내 아이도 아직 늦지 않았습니다.

청소년기 이전까지 한 영역의 시냅스를 반복적으로 이용하게 되면 이용되는 시냅스들은 탄력을 받으면서 더욱 튼튼한 하나의 신경회로를 완성하게 됩니다. 반대로 반복적으로 이용하지 않거나 충분하게 사용하지 않는 시냅스들은 청소년기 이후 사라지게 되는 것입니다.

예를 들어 분명 어릴 적 내 아이는 천자문을 외웠는데 중학교 이후에는 전혀 기억을 하지 못합니다. 천자문을 외우는 기간 동안에는 한자 시냅스가 연결되었으나 점차 활용하지 않으면서 청소년기 이후에는 한문 시냅스가 제거되었기 때문입니다.

많은 부모들이 사회적으로 올바른 행동을 유도하고 긍정적인 방향으로 성장할 수 있도록 도움이 되는 시냅스들은 튼튼해지길 원하고, 반대로 부정적인 영향을 미칠 수 있는 시냅스들은 사라지질 바랄 것입니다. 우리의 두뇌는 정확합니다.

많이 반복되는 경험 순으로 시냅스가 튼튼해지면서 영구적으로 형성됩니다. 100번의 긍정적인 자극이 주어졌다면 100번만큼 튼튼해지고, 아무리 좋은 자극이라도 한 번만 주어졌다면 곧 사라지게 될 수 있습니다.

따라서 아이들에게 꼭 전해주거나 만들어주고 싶은 무언가가 있다면 어릴 적부터 학습과 경험을 지속적으로 전달해주세요. 그렇다면 언젠가는 당신이 주고 싶은 무언가를 가지고 있게 될 것입니다.

우리 아이들의 두뇌를 하나의 조각품이라고 생각하는 것은 어떨까요? 당신에게 전해진 값진 원석을 지금부터 어떻게 조각하느냐에 따라서 충분히 변화할 수 있습니다. 더 나아가 이 세상에 하나밖에 없는 멋진 조각품으로 변신할 수 있는 원석이 될 수 있습니다. 당신은 어떠한 방법으로, 어떤 도구를 사용해 원석으로 조각하려고 하나요?

전문가의 한마디!

- 두뇌 속 시냅스는 정해져 있는 것이 아니라 언제든지 바뀔 수 있습니다.
- 올바른 것을 반복적으로 사용하면 올바른 것이 자연스럽게 나의 것이 됩니다.

'충분히 좋은 엄마(good enough mother)'는 아이가 찾을 때는 곁에 있어주지만 아이가 찾지 않을 때는 가만히 내버려둘 줄도 아는 엄마입니다. 이런 촉진적인 엄마라면 아이가 자신의 욕구와 필요를 상대방에게 어떻게 하면 잘 전달할 수 있을지 도와주겠죠? 이런 엄마가 되기 위해서는 어떻게 해야 할지 3장에서 살펴보겠습니다.

3장

·

안정애착이 건강한
사회성의 뿌리가 된다

아이의 관계수업은
엄마와의 관계에서 시작된다

외톨이인 경훈이와 서현이를 도와주기 위해서 무엇부터 해야 할까요? 아마도 가장 먼저
해야 할 것은 엄마와의 관계를 재점검하는 일이 아닐까요?

오늘도 경훈이는 친구에게 "뚱뚱보래요~ 뚱뚱보래요~" 하고 놀린다. 그런 경훈이
를 좋아하거나 가까이하려는 친구는 별로 없다. 더구나 친구들에게 곧잘 "바보 같
아" "뚱뚱보야" 하고 놀리는 모습을 주변의 엄마들이 자주 목격하면서 엄마들은 경
훈이와 가까이 지내지 말라며 자신의 아이들에게 당부까지 하는 처지에 이르렀다.

서현이는 쌍꺼풀이 진하고 눈이 큰 예쁜 여자 아이다. 그런데도 유치원에서 따
돌림 아닌 따돌림을 당하게 되는 경우가 많았다. 친구들과 사이좋게 지내보려고
친구들이 하자는 대로 모두 하는데도 서현이는 늘 친구관계에 실패했다. 막상 인
기 있는 다른 친구가 오면 서현이는 자연스럽게 혼자 뒷전으로 물러나게 되곤 했다.

서현이가 좋아하는 친구가 초대를 해서 그 친구 집에 가서 잘 놀다가도 다른 친

구가 한 명 더 오기만 하면 금세 서현이는 존재감 없이 서서히 관심 밖으로 밀려났다. 서현이는 도대체 무엇이 문제인지를 알 수가 없었다.

엄마와의 실패한 관계가
불행한 친구관계를 만든다

경훈이는 왜 자꾸 친구들을 괴롭히는 것일까요? 경훈이는 자신을 피해 다니는 친구들을 보며 즐거운 것일까요? 아닙니다. 경훈이는 그저 관심받고 주목받기를 원할 뿐입니다. 경훈이는 친구들과 잘 지내고 싶고 즐겁게 놀고 싶은데 그 방법을 모르는 것입니다.

경훈이는 나쁜 방법인지 뻔히 알면서도 친구들을 자꾸 놀려서라도 자신에게 관심을 갖도록 만드는 것입니다. 왜냐하면 친구들을 놀리면 적어도 그 친구가 "하지 마" "선생님, 경훈이가 저 놀려요" 하고 반응을 보이기 때문입니다. 경훈이는 그 반응마저 반가운 것입니다.

경훈이는 왜 이런 잘못된 방법으로 관심을 끌려는 것일까요? 얼마든지 사랑받고 관심받을 수 있는 긍정적인 방법이 있을 텐데 말이죠.

경훈이의 엄마는 늘 바쁩니다. 경훈이가 엄마 주변을 맴돌며 말을 걸어도 엄마는 "나중에"라는 말만 할 뿐 경훈이의 이야기를 들어주지 않았습니다.

어느 날은 경훈이가 "엄마 나 이거 만들었어. 봐봐"하며 자랑하듯 레고를 보여주었습니다. 그런데 경훈이의 엄마는 "어~ 그래. 엄마가 나중에 볼게"하며 별다른 반응을 하지 않았습니다.

칭찬을 받을 것이라 기대했던 경훈이는 곧 슬픈 마음이 들었습니다. 엄마는 자신에게 관심이 없는 것처럼 보였기 때문이죠. 자신이 아무리 예쁜 짓을 해도 엄마는 자신에게 별다른 반응을 보이지 않는 것 같았습니다. 마치 투명인간처럼 느껴졌죠.

그러다 경훈이가 실수로 엄마의 화장품을 떨어트려서 깨뜨리고 말았습니다. 하지만 놀랍게도 엄마는 즉각 달려와서 경훈이를 나무랐죠. 다시는 엄마 물건에 손을 대지 말라면서 말이죠. 엄마의 이런 즉각적인 반응은 경훈이가 지금까지 보지 못했던 반응이었을 겁니다.

그날부터 경훈이는 엄마가 싫어하는 행동을 일부러 더 하기 시작했습니다. 음식을 일부러 흘리며 먹기도 하고, 엄마가 사준 물건을 잃어버리거나 망가뜨리기도 하면서 말이죠.

그럴 때마다 엄마는 그 어느 때보다 빨리 경훈이에게 달려왔습니다. 물론 경훈이는 엄마에게 혼나거나 잔소리를 들어야 했지만, 그래도 경훈이는 그다지 기분이 나쁘지 않았습니다. 왜냐하면 엄마가 자신을 혼냈어도 자신에게 관심을 갖기 시작했다고 느꼈기 때문이죠.

이제 슬슬 눈치챘을 것입니다. 그렇습니다. 경훈이는 엄마로부터 문제행동을 통해 관심을 얻어낸 것입니다. 마찬가지로 경훈이는 친구들에게도 동일한 방법으로 관심끌기를 했던 것이죠. 문제행동이라 친구들이 자신을 좋아하진 않겠지만 적어도 무시하거나 존재감이 없는 아이로 생각되지는 않을 것이라는 확신이 들었던 것입니다.

어떤 때는 친구들도 경훈이의 장난에 같이 웃어주기도 했고, 경훈이를 따라하는 친구까지 생겼을 정도였으니까요. 그래서 경훈이는 자신의 장난이 꽤 괜찮은 인기몰이의 수단이라고 생각했습니다. 하지만 이것은 경훈이의 착각이었습니다.

이러한 경훈이의 패턴이 오래 지속될수록 친구들은 경훈이를 점점 피하게 될 테니까요. 이제 곧 경훈이는 친구들의 마음에 문제아로 각인될 것입니다. 친구를 때리고 놀림으로써 자신의 존재감을 드러내는 경훈이를 이대로 두어도 괜찮을까요?

서현이도 마찬가지입니다. 사실 서현이의 문제는 서현이를 제외한 모든 사람이 알고 있었습니다. 서현이는 늘 무뚝뚝한 표정을 하고 있어 친구들이 보기엔 매사 시큰둥해 보이는 아이로 보였거든요.

서현이는 잘 웃지도 않았기 때문에 친구들은 서현이랑 놀면 재미가 없다고 생각했습니다. 친구들이 새로운 놀이를 하자고 제안해도 서현이는 조용히 따라할 뿐 별다른 반응이 없었습니다.

친구들이 보기에는 서현이가 자신들을 별로 좋아하지 않는 것처럼 보였을 겁니다. 그러니 친구들을 불러서 함께 노는 파티에 서현이가 나타난다면 분위기가 이상해질 것이라 생각했던 거죠. 괜히 서현이를 불러서 함께 놀다가 엄마들로부터 핀잔을 듣기 싫었던 것입니다.

서현이와 놀다 보면 곧잘 이런 소리를 들었습니다. "서현이랑도 같이 놀아야지. 왜 서현이만 혼자 두니"하고 말이죠. 친구들은 서현이 때문에 괜히 엄마에게 잔소리를 듣게 된다고 생각했습니다. 친구들에게 있어서 서현이는 귀찮은 아이였던 거죠.

서현이 엄마는 주변의 모든 사람과 잘 지내는 편이었습니다. 서현이를 예쁘게 입히고 꾸미는 것에도 소홀함이 없었습니다. 소위 좋은 엄마였습니다. 어찌 보면 서현이의 엄마는 완벽을 추구하는 사람처럼 보였습니다.

그런 서현이 엄마의 눈에는 아이가 무척이나 못마땅했습니다. 친구들과 있을 때도 자신의 목소리를 내지 못하고, 자신이 원하는 것이 있어도 잘 표현하지 못하는 서현이가 너무 답답했죠. 친구와 노는 서현이의 모습을 보고 있자면 엄마는 특히 눈에 거슬리고 못마땅한 부분이 많았습니다.

서현이와 함께 다른 친구 집에서 놀다가 집으로 돌아올 때면 서현이는 엄마로부터 일장연설을 들어야 했습니다. "오늘 친구랑 놀 때 너는 왜 아무 말도 안 했어?" "그럴 때는 다른 걸 하자고 했어야지" "아까 보니까 친구랑 놀 때 양보를 잘 안 하더라. 그러면 친구들이 싫어해"라고 말이죠.

서현이는 엄마가 시키는 대로 했는데 왜 친구들의 반응은 엄마 말처럼 되지 않는지 이해할 수가 없었죠. 급기야 자신은 무엇을 하더라도 잘 안 되는 불행한 아이라는 생각까지 들었습니다. 자신은 부족하고 모자라고 못생겼다는 생각이 계속 들었습니다.

서현이는 엄마의 꾸지람과 친구들의 외면으로 인해 자신감이 점점 더 사라졌습니다. 다른 사람들 앞에 서면 자신은 작아지고 문제가 많은 아이처럼 느껴졌습니다. 자신은 엄마에게도 자랑스럽지 못하고 사랑스럽지 않은 아이같이 느껴졌죠.

그런 서현이에게 엄마는 칭찬보다는 지적을 많이 했습니다. 아무리 노력해도 엄마와 친구들의 마음에 들게 하는 것은 매번 실패로 끝났죠. 그러다 보니 서현이는 언제나 우울했습니다.

그렇습니다. 서현이는 어디에서나 미운 오리새끼 취급을 받고 있었던 것입니다. 특히 엄마로부터 인정받지 못하는 서현이는 자신에 대해 자신감이 없었죠. 자신이 어떤 행동을 하거나 목소리를 내려고 할 때면 이 행동이 과연 맞는지에 대해 고민하게 되었습니다. 그런 생각이 들면 서현이는 자신이 하려던 행동을 멈추고 바로 포기해버렸습니다.

서현이 엄마는 서현이에게 항상 완벽을 요구했습니다. 친구를 배려하고, 리더십 있게 행동하며, 자신이 하고자 하는 것이 있으면 인내심을 갖고 진취적으로 밀고 나가라고 말이죠. 친구들과 있을 때 센스 있는 언어와 행동을 보이고, 다른 친구의 마음을 헤아려 행동하는 서현이가 되길 바랐죠.

그러나 이러한 높은 기준의 태도는 성인조차도 맞추기 어려울 것입니다. 저 역시 자신 없는 일입니다. 서현이 엄마는 고작 8세밖에 안 된 아이에게 성인군자의 행동을 바라고 있었던 것입니다. 이것이 가능한 일일까요?

완벽을 추구하는 서현이 엄마가 다른 사람들에게 어른인 자신보다 더 높은 기준을 세우고, 8세인 아이에게 강요를 한 셈이 된 것입니다. 이는 해낼 수 없는 숙제를 주고, 왜 그 숙제를 잘 해내지 못하냐고 타박하는 것과 같습니다. 마치 동화 속 주인공에게 풀 수 없는 과제를 주고 골탕을 먹이는 마녀와 같은 행동입니다.

엄마와의 관계를
재점검해야 한다

두 사례 모두 친구관계의 문제를 비단 경훈이와 서현이의 탓만으로 돌릴 수는 없습니다. 경훈이와 서현이는 다른 누구도 아닌 엄마와의 관계가 인간관계의 대부분을 차지했습니다. 그리고 그런 엄마와의 상호작용을 모델로 해서 다른 친구들과 관계를 맺었던 것입니다. 경훈이는 엄마의 관심을 끌기 위해, 서현이는 엄마가 시키는 대로 했을 뿐이었죠.

그런데 결과는 실패로 돌아갔습니다. 어쩌면 경훈이와 서현이는 억울할지도 모르겠습니다. 이대로 경훈이와 서현이의 문제를 두고만 봐도 될까요? 경훈이와 서현이의 문제는 앞으로 더욱더 악화되고 강화될 것이 틀림없는데도 말입니다.

경훈이와 서현이를 도와주기 위해서는 무엇부터 해야 할까요? 외톨이에서 친구들에게 둘러싸여 즐겁게 지내는 인기쟁이가 되게 하기 위해서 말이죠. 가장 먼저 해야 할 일은 엄마와의 관계를 재점검하는 일이 아닐까요?

엄마와 아이가 시선을 나누는 것이 무엇보다 중요하다

자신의 놀이를 지켜봐주고, 엄마가 자신에게 집중하고 있고, 자신이 놀이를 통해 만든 세상을 수용한다고 느끼는 것이야말로 아이가 바라는 '함께 있기'라고 할 수 있습니다.

도널드 위니콧(Donald Winnicott)이라는 학자는 엄마의 영향을 강조한 학자입니다. 아이는 엄마가 없으면 단 하루도 살 수 없는 존재라고 생각했죠. 엄마의 돌봄이 없으면 아이는 성장할 수 없다고 이야기했습니다. 또한 아이는 엄마와의 관계성을 통해 자아(ego)를 형성하며 특별한 존재로 성장한다고 보았습니다.

위니콧은 아이가 초기에 자아를 하나의 통합된 존재가 아닌 부분적인 자아로 인식한다고 했습니다. 이렇듯 그는 부분적으로 인식하는 자아를 온전한 자아로 인식하기 위해 엄마의 따뜻하고 온정적인 돌봄이 매우 중요하다고 했습니다. 아이가 울면 엄마가 즉각적으로 반응하는 것처럼 말이죠.

이러한 즉각적 반응은 엄마와의 교감이 이루어졌을 때에만 가능합니다. 그래야 울음이라는 아이의 언어가 엄마로 하여금 아이를 잘 이해할 수 있도록 만들어주기 때문입니다.

아이는 태어나서 엄마의 즉각적이고 민감한 돌봄으로 마치 엄마와 자신이 한몸인 것처럼 느낍니다. 위니콧은 이러한 상태를 일차모성몰입(primary maternal preoccupation)이라고 했습니다. 이러한 상태의 양육의 몰입은 아이가 잘 성장하고 발달하도록 돕는 가장 중요한 원동력이 됩니다. 이때 아이는 엄마와 자신이 별개의 존재라고 생각할 수 없습니다.

그렇기에 아이는 엄마를 통해 자신의 욕구를 확인하고 충족하고 만족하는 경험을 하게 됩니다. 이때 아이는 엄마의 표정과 기분이 곧 자신의 표정과 기분이라고 생각합니다.

그렇다면 엄마에게 이러한 돌봄을 받지 못한 아이는 어떻게 될까요? 아마도 아이는 자신의 존재에 대해 잘 인식하지 못하게 되고, 타인과 감정을 잘 공유하지도 못할 것입니다. 이렇게 되면 아이는 다른 사람과 잘 소통하는 것에 대해 어려움을 느끼게 될 것입니다.

우리가 흔히 주변에서 다른 사람의 감정을 잘못 인식하고 오해하는 사람들을 보는 경우가 있습니다. 그런 아이들이나 성인들의 경우를 보면, 오해가 많고 피해의식이 강하며 섣부르게 판단해 문제를 일으키는 경우가 많습니다.

이러한 문제들은 성장하면서 가시적으로 두드러지게 나타난 경우일 수도 있고, 어쩌면 초기 엄마와의 관계에서 시작되었을지도 모릅니다. 아이는 자신의 주변에서 즉각직으로 반응하는 엄마가 있기에 무엇이든 할 수 있고 어떤 것이든 가능한 존재처럼 느꼈던 것입니다.

이러한 경험은 아이로 하여금 새로운 것을 시도할 수 있게 하는 힘을 갖게 합니다. 그래서 아장아장 걷기 시작하면서 아이는 위험한 것도 덥석덥석 시도해볼 수 있는 용기를 갖게 되는 것입니다. 무에서 유를 창조하듯 돌멩이로도 충분히 즐겁게 놀이를 할 수 있는 능력도 발휘하면서 말이죠.

'함께 있다'는 메시지를
아이에게 주자

아이의 잠재력과 능력을 끌어내는 '돌봄'은 어떤 것일까요? 그것은 아이의 속도에 맞추는 것에서부터 시작해야 합니다. '관계'는 다른 사람과 속도를 맞추고 조율하는 것에서부터 비로소 시작되거든요.

독불장군처럼 자신만을 내세우며 주장하는 것은 상호적인 것이 결코 아닙니다. 그렇기에 상대방과 맞추는 것은 필수적인 요소라 고 할 수 있습니다.

그러한 필수적 요소는 바로 엄마와의 관계에서부터 시작되어야 합니다. 엄마는 자신의 속도와 방식대로 아이를 끌고 가서는 안 됩니다. 엄마가 원하는 속도와 욕구에 따라 아이를 대하는 것은 아이의 자발적인 욕구, 즉 창조적인 욕구를 짓밟는 행위가 됩니다.

엄마는 아이가 무엇을 원하고 필요로 하는지에 대한 욕구를 잘 살펴보고 그에 맞는 돌봄을 제공해야 합니다. 이것은 곧 아이의 성장을 촉진시키고 새로운 욕구를 창출하는 계기가 되니까요. 그러면 아이는 끊임없이 새로운 욕구를 만들어낼 것이고 요구할 것입니다.

그러면 엄마는 그에 따라 적절한 돌봄으로 시선을 맞추어야 합니다. 이러한 돌봄을 위해서는 아이가 진정한 자아가 되도록 있는 그대로 수용하고 받아주며 바라봐주는 것이 필수적입니다. 이것이 바로 위니컷이 이야기한 개념인 '안아주기(holding)'라는 것입니다.

그러면서 동시에 엄마는 아이에게 진정으로 자신과 함께하고 있다고 느끼게끔 하는 것이 중요합니다. 이는 같은 공간에서 함께하는 것만을 이야기하는 것이 아닙니다.

간혹 엄마들의 경우 아이와 하루종일 함께 있는데 무엇이 부족한지 모르겠다고 이야기하곤 합니다. 여기서 말하는 '함께하는 것'은 질적인 부분을 말합니다.

아이가 놀이를 하면서도 곧잘 엄마에게 와서 얼굴을 잠깐 바라보고 다시 놀이를 하러 간다거나, 엄마 곁에 와서 스킨십을 하고 다시 놀이를 하는 경우를 볼 수 있습니다. 이는 아이가 "엄마 지금 나랑 같이 있어?"라는 것을 확인하려는 행동이라고 할 수 있습니다. 자신의 놀이를 지켜봐주고, 엄마가 자신에게 집중하고 있고, 자신이 놀이를 통해 만든 세상을 수용한다고 느끼는 것이야말로 아이가 바라는 '함께 있기'라고 할 수 있습니다.

아이와 함께 있어주기 위한
엄마의 마음가짐 4가지

아이와 함께 있어주기 위한 엄마의 마음가짐 4가지를 소개하겠습니다.

첫째, 엄마는 아이와 함께 지금 여기에 있다는 태도를 가져야 합니다. 엄마와 아이 사이에는 어떠한 거리감도 없어야 합니다. 엄마는 완전하게 아이의 놀이 세계에 들어가기를 원하고 아이와 완전하게 함께 있고 싶다는 것을 표현해야 합니다.

둘째, 엄마는 아이의 이야기를 경청할 준비가 되어 있다는 것을 아이에게 알려야 합니다. 엄마는 아이가 무엇을 표현하고 또 표현을 하지 않는지에 대해서 모든 것을 눈과 귀로 완전하게 들어야 합니다. 또 엄마는 그와 같은 사실을 아이에게 전달하는 것이 중요합니다.

셋째, 엄마는 아이를 이해하려는 자세를 가져야 합니다. 엄마는 아이가 이야기하고 느끼고 경험하는 것을 엄마가 이해하고 있다는 것을 아이에게 알리는 데 애써야 합니다. 아이가 '우리 엄마는 나를 이해하는구나'라고 느끼게 된다면 세상으로 향할 때 천하무적이 되는 것과 같은 마음을 갖게 되거든요.

넷째, 엄마는 아이를 사랑하고 있다는 것을 한껏 표현해야 합니다. 간혹 엄마들은 말하지 않아도 아이가 다 안다고 생각합니다. 하지만 결코 그렇지 않습니다. 아이들은 부모가 말다툼을 하기라도 하면 '내가 엄마 말을 듣지 않아서 우리 엄마 아빠가 다투는구나'라고 오해하게 됩니다. 자신이 나쁜 아이라서 엄마 아빠가 싸운다고 생각하는 것이죠. 물론 그게 사실이 아닐지라도 아이는 그렇게 생각한다는 데 문제가 있습니다.

엄마 뱃속에서 나온 아이의 마음도 엄마가 알지 못하는데 어떻게 어린아이가 엄마의 마음을 알 수 있겠습니까? 아이에게 끊임없이 표현을 해야 아이는 설혹 엄마에게 혼이 나더라도 '엄마는 나를 미워하는 게 아니야. 내가 잘못한 행동 때문에 혼내는 거지'라고 생각할 수 있도록 이야기해야 합니다. 그렇지 않으면 성장하면서 다른 사람들과의 관계에서 크고 작은 오해를 많이 하는 아이들은 이 부분에서 벌써 어긋나기 시작한 것이라고 할 수 있습니다.

───┤ 전문가의 한마디! ├───────────────────────

- 엄마가 아이와 속도를 맞추면 아이는 엄마가 자신과 '함께 있다'는 안정감을 느끼게 됩니다.
- 아이와 '함께하는 것'은 양적인 부분이 아닌 질적인 부분을 말합니다.

안정애착이야말로 건강한 사회성의 뿌리다

아이에게 엄마라는 존재는 본능적으로 자신의 생명을 맡길 수 있는 유일한 대상입니다. 엄마가 곁에 있는 것만으로도 아이는 보호받고 있다고 느끼고 안정감을 느낍니다.

엄마들이 아이를 양육하면서 가장 많이 듣는 말이 바로 '애착'일 것입니다. 매체를 통해서든, 강의를 통해서든, 주변인들을 통해서든, 상담실에서든 애착이라는 단어를 무시하고는 아이를 양육할 수 없을 정도입니다.

도대체 아이를 양육하는 데 있어 애착이 왜 그렇게 중요한 걸까요? 마치 잔소리처럼 귀에 딱지가 앉을 정도로 듣게 되는 '애착'에 대해서 우리는 한 번쯤 짚고 넘어갈 필요가 있습니다. 사회성도 마찬가지로 그 뿌리 역시 애착으로부터 시작되었다고 해도 과언이 아닐 겁니다.

존 보울비(John Bowlby)는 애착의 근본적인 속성이 양육자와 물리적인 거리를 유지하기 위한 것이라고 했습니다. 이 말은 아이가 이 세상에 살아남기 위해서는 엄마라는 안전한 보호막이 필요하다는 것을 말합니다.

사실 아이에게 이 세상은 매우 위협적인 것일 수 있거든요. 혼자 먹을 수도 없고, 걸을 수도 없는 상황에서 엄마는 마치 구세주처럼 느껴질 것입니다.

아이에게 있어서 엄마라는 존재는 본능적으로 자신의 생명을 맡길 수 있는 유일한 대상입니다. 그래서 엄마와의 적당한 거리를 유지해야만 안정적으로 주변을 탐색할 수 있는 용기도 생기게 됩니다. 엄마가 곁에 있는 것만으로도 아이는 보호받고 있다고 느끼고 안정감을 느끼게 됩니다.

이것은 우리가 흔히 보는 광경을 통해서도 쉽게 알 수 있습니다. 아이가 놀라거나 무서운 소리를 듣거나 불안을 느끼면 엄마 곁으로 얼른 달려오는 것을 종종 봅니다. 이것은 엄마와의 밀착을 통해 두려웠던 마음을 다시 안정적으로 회복하려는 아이의 본능적인 행동입니다. 특히 아이의 이러한 행동이 낯선 곳이나 낯선 사람을 만났을 때 더욱 두드러지게 나타나는 것을 알 수 있습니다.

아이의 안정애착이
무엇보다도 중요하다

이러한 개념을 처음으로 세상에 공개한 사람은 메리 애인스워스(Mary Ainsworth)입니다. 그는 '낯선 상황'이라는 인위적인 설정을 통해 익숙하지 않은 환경과 엄마와의 분리, 낯선 사람이라는 불안을 야기한 상황에서 아이가 어떻게 반응하는지를 살펴보는 실험을 했습니다.

이 실험을 통해 애인스워스는 다양한 형태의 애착 유형을 살펴봤는데, 그는 보통 우리가 안정애착이라고 하는 유형과 불안정애착이라 할 만한 유형의 차이를 알아냈습니다.

이 실험에서 안정애착의 아이들은 엄마와 떨어졌다가 다시 만났을 때 금세 회복하는 모습을 보였습니다. 엄마와 가까운 거리를 유지한 채 주변을 자유롭게 탐색해 유연한 적응력을 보여주었거든요. 반면 불안정 애착의 아이들은 엄마와 떨어졌을 때 금세 좌절하고, 엄마와 다시 만났을 때도 크게 위안을 얻지 못하는 모습을 보였습니다.

특히 그중에서도 불안정 애착은 다시 2가지의 형태로 나눌 수 있었습니다. 그중 먼저 엄마와 분리되었을 때 금세 좌절하는 동시에 엄마와의 연결을 쉽게 포기하는 아이도 있었습니다. 그런 아이들은 마찬가지로 엄마를 다시 만났을 때도 별 기대감이 없었고, 엄마로부터 위로를 받으려고 하지 않았습니다. 왜냐하면 이런 유형의 아이들은 엄마가 자신에게 위안을 주는 대상이라고 생각하지 않기 때문이죠. 마치 엄마에게 위안 얻기를 포기한 아이처럼 말이죠. 애인스워스는 이러한 패턴을 보인 아이들을 회피형의 애착을 가진 아이로 분류했습니다.

또 다른 불안정 애착 유형의 아이들을 살펴볼까요? 엄마와 떨어질 때도 그 상황을 받아들이지 않고 엄마를 애타게 찾으며 집착하는 모습을 보이는 아이들이 있었습니다. 그 아이들은 주변을 탐색하려는 시도조차 하지 않았습니다. 이 유형의 아이들은 엄마와 다시 만났을 때도 화를 내거나 감정을 누그러뜨리지 못하는 모습을 보였습니다. 불안을 쉽게 해결하지 못하는 모습이었죠. 애인스워스는 이러한 유형의 아이를 저항적 또는 양가적인 유형으로 분류했습니다.

전문가의 한마디!

- 안정애착은 건강한 사회성의 뿌리라고 할 수 있습니다.
- 애착유형을 통해 자신의 애착유형을 살펴보세요.

ONE POINT
LESSON

애착의 유형에 대해
알아보자

❶ 안정애착

엄마와 분리했을 때와 재회했을 때 모두 즉각적으로 안정을 유지하고 회복하는 모습을 보이는 유형의 아이들은 고통스러운 상황이나 좌절을 경험하더라도 곧바로 회복하는 힘이 좋았으며, 어려움을 극복하는 탄력성 또한 좋았습니다. 이는 아이가 보내는 신호에 엄마가 즉각적으로 반응하고, 이런 태도를 일관되게 유지해 안정감을 주었기 때문입니다.

　이러한 양육을 하는 엄마는 주로 자신의 템포보다는 아이의 템포를 중요하게 여기고, 아이의 반응을 유심히 살펴서 세심하게 맞추는 양육을 했습니다. 그렇기에 아이는 자신이 엄마로부터 수용받고 있다고 느꼈고, 자신과 함께 있다고 느끼는 것으로 보였습니다.

❷ 불안정 애착

불안정 애착은 회피형 애착과 저항적(혹은 양가적) 애착으로 나눌 수 있습니다.

첫째, 회피형 애착입니다. 엄마와 분리했거나 재회했거나 상관 없이 아무렇지 않게 태연한 모습을 보이는 아이들이 이런 유형입니다. 마치 엄마가 있건 없건 상관이 없는 것처럼 침착한 모습을 보였는데, 막상 심박동수를 체크해보자 매우 상승하는 것을 알 수 있었습니다.

이러한 아이들은 겉으로는 내색하지 않더라도 심적으로 매우 불안정하고 극심한 스트레스를 받고 있다는 것을 알 수 있었습니다. 보이는 모습이 다가 아니었던 거죠.

이러한 유형은 엄마의 무관심으로 방치된 경험이 많거나 자신의 신호에도 엄마가 아무런 반응도 하지 않는 무관심함에 지속적으로 노출된 경험이 많은 아이들이었습니다. 그렇기에 자신을 돌봐주는 엄마가 사라졌을 때도 금세 체념하고 포기하는 모습을 보여주었던 것이고, 엄마와 다시 만났을 때도 다시 있을지도 모를 고통에 대비해 크게 의존하지 않는 모습을 보이려 애썼던 것이었습니다.

이러한 유형의 엄마들은 대체로 아이의 신호에 둔감하거나 외면하는 경향이 높았으며, 아이의 신호를 부담스럽게 여기거나 자신을 힘들게 하는 것으로 받아들였습니다.

둘째, 저항적 또는 양가적 애착입니다. 이 유형의 아이들은 매우 극단적인 모습을 나타냈는데, 매우 분노하거나 매우 수동적인 모습이었습니다. 여기에 속한 아이들은 엄마가 있든 없든 상관없이 엄마에게 극심하게 매달리는 모습을 보였고, 엄마 외에는 그 어떤 것에도 관심을 두려 하지 않았습니다. 그렇기에 주변을 탐색하지도 않았고, 어떠한 시도도 하지 않고 오로지 엄마에게만 매달리는 모습을 보였습니다.

그러나 엄마에게 매달리면서도 자신을 수용해주길 바라는 마음으로 접촉한다기보다 엄마에게 화를 내거나 밀치는 듯한 모습을 나타냈습니다. 마치 엄마를 벌 주려는 것처럼 말이죠. 이러한 경우 엄마는 아이를 어떻게 다루어야 할지 당황하는 경우가 많았습니다. 도무지 손을 쓸 수 없이 막무가내로 엄마를 쉽게 지치게 하는 경우가 대부분이었거든요.

또한 이런 유형의 아이들은 반응이 매우 혼란스럽기 때문에 엄마로서도 혼란스럽습니다. 하지만 사실은 아이조차 자신이 어떻게 엄마와 접촉해야 하는지 몰라서 어쩔 줄 모르는 것이었죠.

이러한 유형의 아이들은 엄마가 같은 공간에 있지만 마치 없는 것처럼, 진정한 엄마를 찾아 헤매는 것처럼 보였습니다.

왜 이런 모습이 나타났을까요? 아이의 이런 모습은 엄마의 일관되지 않은 양육의 결과였습니다. 엄마의 예측할 수 없는 반응이 지속적으로 쌓이면 아이는 이런 혼란을 겪게 됩니다.

엄마와 아이에게도
기질 궁합이 있다

엄마는 외적인 성향을 갖고 있는데 아이는 내적인 성향을 갖고 있다면 어떻게 될까요?
이렇게 엄마와 아이의 성향이 다른 경우가 우리를 힘들게 하는 원인 중 하나입니다.

엄마와 아이도 궁합이 있다는 사실, 알고 있나요? 사람들을 만나는 것이 즐겁고, 밖으로 나가야 삶이 충전되는 사람이 있습니다. 하지만 그와는 반대로 혼자 있는 시간을 통해 삶을 충전하는 사람도 있습니다. 이렇듯 삶을 살아가는 데 있어서 방향성이 내적으로 흐르는 사람이 있고, 외적으로 흐르는 사람이 있습니다.

만약 엄마는 외적인 성향을 갖고 있는데 아이는 내적인 성향을 갖고 있다면 어떻게 될까요? 반대로 엄마는 내적인 성향을 갖고 있는데 아이는 외적인 성향을 갖고 있다면 말이죠. 불행히도 이렇게 엄마와 아이의 성향이 다른 경우가 우리 주변에서 흔하게 볼 수 있다는 것이 우리를 힘들게 하는 원인 중 하나입니다.

현주 엄마는 집에 있으면 기분이 처지고 의욕이 없어지는 사람입니다. 현주 엄마는 친구들과 이야기를 하고, 새로운 곳에서 새로운 경험을 하는 것이 매우 신나는 사람이었죠. 현주가 어릴 때 현주 엄마는 집에서 혼자 아이를 양육하고 돌보기보다는 아이에게 새로운 것을 마음껏 보여주고 경험하게 해주고 싶었습니다.

그래서 흔히 접하지 못하는 새롭고 신기한 전시회나 체험관이 있으면 어디든지 찾아나섰습니다. 또 아이에게 새 친구들을 많이 만나게 해주고 싶어서 놀이카페도 이곳저곳 다녔습니다. 현주 엄마는 항상 바깥활동을 통해 현주가 새로운 자극을 받길 바랐습니다.

하지만 그런 엄마의 마음과는 다르게 현주는 어딜 가나 엄마 곁에서 떨어지려고 하지 않았고, 체험관에 가면 아무것도 하려고 하지 않았습니다. 간혹 새 친구를 만나게 해주려고 놀이터나 놀이카페를 데리고 가면 현주는 자신보다 어린아이가 있는 곳에서도 함께 놀지 못하고 엄마만 멀뚱히 쳐다보기만 했습니다. 현주는 그런 것에 전혀 흥미를 갖지 못하는 것처럼 보였습니다.

시간이 지날수록 현주 엄마는 현주가 문제가 있는 것이 아닌가 생각했습니다. 하지만 그럴수록 현주는 집에만 있길 원했고, 새로운 곳은 질색하며 밖을 나가지 않으려고 했죠. 마치 밖으로 가는 것을 전쟁터라도 나가는 것처럼 완강하게 버티는 현주의 모습이 엄마로서는 도저히 이해가 되지 않았습니다.

현주 엄마는 현주가 자신처럼 외부 활동과 새로운 사람을 만나는 것에 즐거움을 느끼고 행복해할 것이라고 철썩같이 믿고 있었는데 말이죠. 하지만 불행히도 현주는 엄마와 성향이 매우 다른 아이였습니다.

반대의 경우도 있습니다. 어떤 엄마는 집에 있는 것을 좋아하고 밖에 나가는 것이 스트레스를 유발하는 일일 수 있습니다. 그런 엄마들은 아이를 밖으로 데리고 나가는 일은 곧 위험 속으로 아이를 밀어넣는 일처럼 느끼곤 합니다. 그래서 아이를 안전하게 양육할 수 있는 곳으로 자신이 모든 것을 컨트롤할 수 있는 집이 가장 좋은 곳이라고 생각합니다.

이렇듯 가장 안전한 곳이 집이라고 생각하는 엄마의 경우, 아이가 밖으로 나가자고 조르면 "안 돼. 밖에는 위험한 게 많아" "밖에는 더러운 곳이 많아서 세균이 얼마나 많은데" 하며 아이를 막아서기도 합니다. 혹은 아이가 밖에 나가지 않도록 "엄마랑 집에서 아이스크림 먹자" 하며 아이의 환심을 사서 집에 눌러 앉히기도 하죠. 이런 경우 아이는 엄마로 인해 새로운 곳을 탐험할 수 있는 기회를 박탈당하고 맙니다.

아무래도 집에서는 자극이 한정되어 있기 때문에 아이가 다양한 경험을 하기에는 한계가 있습니다. 아이의 내면에 있는 무한한 가능성과 잠재력을 썩히고 마는 것입니다. 그것도 아이를 가장 안전하게 보호하려는 엄마에 의해서 말이죠.

이렇듯 엄마와 아이의 성향이 맞지 않는 것만으로도 아이의 발달에 얼마나 큰 지장을 줄 수 있는지 우리는 쉽게 예상해볼 수 있습니다.

그렇다면 이러한 성향은 어디에서부터 오는 것일까요? 아무래도 이 부분에 대해서는 유전적인 것을 무시할 수 없습니다. 이를 자세히 알아보기 위해서는 기질에 대해서 살펴봐야겠죠.

'낯선'과 만났을 때의
아이의 기질

기질은 성격과는 다릅니다. 성장하면서 변할 수 없는 것이고, 태어날 때 이미 갖고 태어나는 것이거든요.

기질이란 생물학적인 특성으로 태어나서 일관된 패턴을 보이는 것을 말하고, 아이가 성장하면서 어떠한 성격과 행동 패턴을 보일지에 영향을 주는 것입니다. 그래서 아주 어린 아기일 때도 조금만 기저귀가 축축해도 칭얼거리며 우는 예민한 아이가 있고, 기저귀가 흥건하게 젖어 있어도 별로 불편해하지 않는 아이가 있는 것이죠.

우리가 흔히 아이의 기질을 살펴보기 위해서는 어릴 때 아이의 수면의 질이 어땠는지를 보면 쉽게 알아차릴 수 있습니다. 예민한 아이들은 깊은 잠을 자지 못하고 자주 깨며 엄마를 찾는 경향을 보이기 때문이죠. 반면 잘 깨지 않고 한번에 잠을 오랫동안 자며 소위 업어가도 모른다고 할 정도로 깊은 잠을 자는 경우의 아이는 순한 기질일 확률이 높습니다.

이러한 기질의 차이를 가진 아이들이 낯선 곳과 낯선 사람을 대하면 어떻게 반응하는지 좀 더 세밀하게 살펴볼까요?

첫째, 순한 기질의 아이입니다. 이런 유형의 아이는 가족 외의 사람들과도 거부감 없이 잘 지내고, 낯선 상황과 낯선 사람에게 호감을 주는 행동을 하는 경우가 많습니다. 이런 아이들은 대체로 규칙적인 생활을 하며, 놀이를 잘하고, 여러 명이서 함께 즐겁게 놀이를 하는 편입니다. 또한 새로운 환경에서도 잘 적응을 하며, 호기심도 많고, 상호작용의 달인처럼 행동하기도 하죠. 이런 유형의 아이들은 대체로 긍정적인 정서를 가지고 있으며, 좌절된 상황에 직면해도 금세 회복하는 경향을 보입니다.

둘째, 까다로운 기질의 아이입니다. 이런 유형의 아이는 감각적으로 예민하기 때문에 까다롭게 구는 경우가 많으며, 새로운 환경에 대해 거부감을 나타내는 경우가 많습니다. 어릴 때는 울음으로 자주 표현하는 경우가 많고, 불규칙한 생활 패턴을 보일 가능성이 높습니다. 낯선 곳에서는 얼어붙은 것처럼 움직이지 못할 정도로 두려움에 떨기도 하고, 변화를 극도로 싫어합니다.

그러다 보니 새로운 시도를 꺼려하는 건 당연하고요. 이런 아이들은 다른 아이들과 함께 놀고 싶어 하면서도 정작 먼저 말을 걸지 못하고 쭈뼛쭈뼛 주변을 맴도는 경우가 많습니다. 낯선 곳에 가면 적응하는 데 시간이 많이 걸리고, 엄마 곁에서 떨어지려 하지 않죠. 또한 새로운 자극에 민감하다 보니 다양한 자극이 많은 밖에서는 산만하게 보일 정도로 여기저기 뛰어다니며 급작스러운 행동을 하기도 합니다.

셋째, 반응이 느린 아이입니다. 이런 유형의 아이들은 새로운 환경에 적응하는 데 매우 오랜 시간이 걸립니다. 발달적인 측면으로도 다소 늦다는 인상을 주는 경우가 많습니다. 활발한 활동이 적고, 급하게 행동하는 경우가 많기 때문에 엄마들이 양육하는 데 어려움을 많이 겪죠. 물론 까다로운 기질의 아이보다는 덜하지만 그래도 불규칙한 패턴을 보이는 편입니다.

이렇게 기질이 다를 경우 아이들은 낯선 곳과 낯선 사람에 대한 반응이 제각각인 경우가 많습니다. 이런 각각의 기질의 아이들에게 어떻게 하면 사회성이 잘 발달할 수 있도록 도울 수 있을까요? 게다가 어떤 엄마는 까다로운 기질의 아이와 순한 기질의 아이 모두 동시에 양육할 수도 있지 않을까요? 오 마이 갓! 이럴 경우 엄마는 매우 혼란스럽고, 양육에 대한 엄청난 부담감을 갖게 될 것입니다.

그러면 엄마들은 타고난 기질을 바꿀 수도 없고, 어떻게 하면 좋을지 의문이 들 것입니다. 특히 까다로운 기질의 아이를 양육하는 엄마라면 벌써부터 포기하고 싶은 마음이 크겠죠.

하지만 잊지 말아야 할 것이 있습니다. 아이의 내면에는 이미 이를 극복하고 적응해 나갈 수 있는 잠재력과 창조성, 가능성이 공존한다는 것을요.

흔히 까다로운 기질의 아이들이 사회성이라는 문턱에서 자주 걸려 넘어지는 이유가 있습니다. 그것은 바로 '불안' 때문이죠. 까다로운 기질의 아이들은 감각적으로 매우 예민하고 작은 것조차도 그 자극이 매우 크게 다가오기 때문에 두렵고 떨리는 경우가 많습니다. 까다로운 기질의 아이들이 겉으로는 자주 땡깡을 부리고 고집을 피우는 것 같지만 이는 사실 자신이 얼마나 두렵고 떨리는지 알아달라고 엄마에게 보내는 긴급한 구조 신호일 수도 있습니다.

그렇다면 해결책은 한 가지죠. 바로 불안을 잘 다루도록 하는 것입니다. 그렇다면 우리 아이의 불안, 어떻게 하면 잘 다룰 수 있을까요?

전문가의 한마디!

- '낯선'과 만났을 때 숨은 기질이 드러납니다. 이때 우리 아이의 기질을 살펴보세요.
- 아이의 기질은 넘지 못할 산이 결코 아닙니다.

엄마의 민감하고 일관된 반응으로 아이는 불안을 극복한다

엄마의 민감하고 일관된 반응이 지속될 때 아이는 안정된 마음을 갖게 될 것이고, 예측할 수 없는 어떠한 두려움이 닥쳐오더라도 결코 불안에 떨지 않게 될 것입니다.

세상에 어느 한 사람도 같은 사람이 없듯이 아이 역시 똑같은 아이는 없습니다. 한 부모에게서 태어난 형제, 자매, 쌍둥이라 할지라도 말이죠.

똑같이 까다로운 기질의 아이라 해도 환경과 부모의 양육 태도 및 생물학적 요소가 다를 수 있는데, 그 많은 변수를 어떻게 다 맞추며 아이를 양육할 수 있겠습니까? 그러니 아이마다 방법을 다르게 적용한다면 대처 방법은 수백 가지, 아니 수만 가지가 될 것이 틀림없습니다.

그러면 아무리 전문가라 할지라도 그 많은 것을 적용하고 시도해볼 수는 없을 것입니다. 그러니 안심하세요. 엄마들이 불안을 다루도록 무리한 요구를 하지 않을뿐더러 생각보다 간단한 방법으로 불안을 잠재울 수 있으니까요.

엄마와 아이의
상호작용의 하모니

핵심은 바로 조화로움에 있습니다. 기질적 요소와 환경적 요소 그리고 엄마와 아이의 상호작용의 하모니. 그것이 아이를 누구보다 안정감 있게 양육할 수 있는 틀이 됩니다. 이를 위해 부모는 다음의 2가지를 준비해야 합니다.

첫 번째는 바로 엄마의 민감함이죠. 엄마의 민감함은 아이의 작은 변화에도 즉각적으로 반응할 수 있는 능력을 갖게 합니다. 이는 생각하고 행동하는 것과는 차원이 다른 것입니다. 즉 생각하기도 전에 반사적으로 행동하는 정도의 민감함이라고 할 수 있습니다.

이때 엄마의 민감함은 아이의 필요와 욕구를 알아차릴 수 있는 능력을 말하고, 아이의 신호에 즉각적으로 반응할 수 있는 것을 말합니다.

이를 위해서는 적당한 거리를 유지한 채 아이와 함께 있어야 합니다. 여기서 무엇보다도 중요한 것은 '적당한 거리'와 '함께 있기'입니다.

먼저 '적당한 거리'는 아이와 과도하게 밀착할 경우 아이를 제대로 알아보지 못하는 것을 말합니다. 아이와 지나치게 밀착한 엄마는 자신의 욕구인지 아이의 욕구인지 구분할 수 없게 되거든요. 아이의 떨림으로 엄마가 떨리는 것인지 아니면 엄마가 떨어서 아이도 함께 떠는 것인지 구분할 수 있어야 합니다. 따라서 지나친 밀착은 오히려 아이의 욕구나 반응 그리고 신호에 대해서 잘 알아차리기 어렵게 만듭니다.

마찬가지로 지나치게 먼 거리 두기 역시 아이의 신호를 민감하게 알아차리기 어렵게 만듭니다. 물리적으로 먼 거리에서는 형태만 보일 뿐 세세한 부분을 알아차리기 어려운 것처럼, 아이와의 거리가 지나치게 멀 경우 아이의 변화를 빨리 알아차리기가 어렵게 되는 것이죠.

아이의 불안이란, 예기치 못한 상황에 적절히 대처하지 못하는 상황을 말합니다. 아이들은 익숙한 것을 떠나기 두려워하죠. 세상은 온통 무섭고 두려운 것투성이일 테니까요. 그런 곳을 향해 나아가기 위해서는 안전한 끈이 필요합니다.

그런 안전장치는 항상 엄마가 곁에서 자신을 보호해줄 것이라는 믿음을 말합니다. 엄마가 언제든 자신이 손을 뻗으면 닿는 곳에 있다는 믿음 말이죠.

그렇다면 아이에게 불안을 줄여주기 위해서는 어떻게 해야 할까요? 그래서 엄마가 어렵고 힘든 시간에 늘 함께했던 경험이 필요한 것입니다. 그것은 곧 아이로 하여금 엄마를 떠올리면 늘 자신 곁에서 항상 자신을 도와줄 준비를 하고 있다는 모습을 자동적으로 생각하게 만들거든요.

만약 아이가 엄마로부터 안정감을 얻었던 기억이 가득하다면 보물 보따리를 풀어보며 언제 어디서든 위험에서도 당당히 맞설 수 있는 용기가 생기지 않을까요? 이러한 기억은 언제든 용기를 갖게 하는 보물상자와도 같은 역할을 합니다.

또한 아이에게 중요한 것은 엄마의 한결같은 반응입니다. 엄마의 변치 않는 반응, 자신의 신호를 빨리 알아차릴 수 있는 민감함. 이 2가지는 아이로 하여금 어떠한 불안에서도 견딜 수 있는 힘을 주는 원동력이 됩니다.

아이는 승승장구하며 성공 경험만 쌓지는 않을 것입니다. 실수 연발과 좌절의 연속인 생활에서 엄마의 반응이 어떠냐에 따라 아이는 세상에 맞서는 방식을 터득하게 될 것입니다.

엄마가 아이의 감정을 잘 알아차리고 일관성 있게 반응을 해준다면 아이는 좌절되고 슬픈 상황에서도 금세 회복할 수 있을 것입니다. 왜냐하면 과거에 경험했던 좌절되고 슬픈 상황은 아이에게 고통만 준 것이 아니기 때문이죠. 아이에게 있어서 그 순간은 어려움 속에서도 잘 견딜 수 있었던 성공 경험으로서의 소중한 씨앗이었을 겁니다.

　엄마의 민감하고도 일관된 반응이 지속될 때 아이는 안정된 마음을 갖게 될 것입니다. 또한 예측할 수 없는 어떠한 두려움이 닥쳐오더라도 결코 불안해 떨지 않게 될 것입니다.

┤전문가의 한마디!├──────────

● 엄마의 일관된 반응과 민감함은 그 어떤 불안한 상황에서도 견디고 이길 수 있는 힘이 됩니다.
● 엄마가 아이의 감정을 잘 알아차리고 일관성 있게 반응을 해준다면 아이는 좌절되고 슬픈 상황에서도 금세 회복할 수 있을 것입니다.

엄마의 건강한 수다가
아이의 문제 해결력을 높인다

엄마는 자신의 감정을 일상에서 아이에게 최대한 자주 표현해야 합니다. 아이에게 엄마는 좋은 롤모델이자 가장 가까이서 많은 이야기를 들려줄 수 있는 사람이기 때문입니다.

'엄마는 잔소리가 심하다'는 것이 우리 모두의 공통된 선입견입니다. 아이들은 성장할수록 엄마의 이야기를 귀담아듣지 않으려고 하죠. 엄마가 하는 이야기는 그저 잔소리로 생각할 뿐, 자신을 위해서 하는 말이라고 생각하지 않습니다. 안타깝게도 말이죠.

그렇다면 엄마의 이야기를 잔소리로만 여기는 이유는 무엇 때문일까요? 아마도 설명식으로 길게 이야기하기 때문일 것입니다. 엄마는 항상 해결사를 자처하거든요. 자신이 성장하면서 겪었던 시행착오를 자신의 아이만큼은 겪지 않기를 바라는 마음에서 말이죠.

하지만 그런 엄마의 마음을 이해하고 수용하는 아이는 많지 않습니다. 아이가 듣기에는 그저 지나친 잔소리일 뿐이죠.

엄마의 자세한 설명이나 친절한 이야기가 필요한 시기는 따로 있습니다. 특히 만 3세 이전의 아이에게는 엄마는 아이가 무엇을 해야 좋은지와 나쁜지를 구분할 수 있도록 설명해줘야 합니다. 그리고 어떤 것이 위험하고 어떤 것이 안전한지를 알려줘야 합니다. 이는 아이가 세상 속으로 탐험을 나갈 때 겪게 될 위험으로부터 보호하기 위한 엄마의 최소한의 가이드가 됩니다.

하지만 이것 역시 설명식으로 가르치면 아이에게 잘 전달되지 않습니다. 아이는 엄마의 이야기를 길게 들어줄 인내심이 부족하거든요. 더욱이 주변에는 아이에게 손짓하며 유혹하는 신기한 일들이 가득하거든요. 그러니 엄마의 가이드는 가급적 간결할수록 좋겠죠!

수다스런 감정 표현은 넘치도록 하자

엄마는 자신의 감정을 일상에서 자주 표현해야 합니다. 아이에게 엄마는 좋은 롤모델이자 가장 가까이서 많은 이야기를 들려줄 수 있는 사람이거든요.

엄마가 아이의 행동에 대해 나 메시지(I-message)로 자주 표현한다면 아이는 엄마를 보고 자신의 감정을 표현하는 연습을 하게 됩니다. 자동적으로 말이죠.

관계에서 가장 중요한 것은 자신의 감정을 표현하고 다른 사람의 감정을 알아차리는 것입니다. 자신의 감정을 표현하지 못해서 소통과 공감이 어려워진다면 아이는 자신이 느끼는 감정을 다른 사람과 공유할 수 없게 됩니다. 그러면 결국 아이는 주변에 사람이 아무리 많더라도 고립되고 외로운 느낌을 갖게 되는 것은 당연한 일입니다.

요즘 아이들은 지적인 능력을 향상시키기는 것에만 지나치게 몰두하는 경향이 있습니다. 지식을 모으는 것에만 열중하다 보니 책도 정보를 주는 책 위주로 읽는 경향이 있죠. 그러다 보니 아이들은 자신의 감정을 어떻게 표현하는지에 대해서는 잘 알지 못합니다.

뿐만 아니라 어떨 때는 관심조차 없는 것처럼 보입니다. 하지만 이는 대게 자신의 감정조차 잘 알지 못해서 표현이 서툰 것일 뿐입니다.

그래서 이런 아이들은 다른 사람이 자신의 감정을 말하지 않아도 알아주길 바라는 마술을 기대합니다. 절대 이루어지지 않는 마술이죠.

설교식 수다는 NO,
감정 표현의 수다는 OK

아이는 동생이 자신의 장난감을 만지는 것이 싫었다. 자신이 갖고 노는 것마다 쫓아와서 달라고 떼쓰는 동생이 너무나 귀찮았다. 그래서 동생이 만지지 못하게 장난감을 몰래 숨겨놓고 놀이를 하려고 했는데 역시나 쫓아와서 뺏어가는 것이 아닌가. 아이는 너무 화가 난 나머지 동생에게서 자신의 장난감을 다시 빼앗아 밀치고 도망갔다.

그러자 엄마가 달려와서 무슨 일인지 물었다. 아이는 너무도 화가 나고 억울한 마음에 "쟤가 내 장난감을 가져갔어"라고 소리쳤다. 그러자 엄마는 "지훈이의 장난감을 동생이 가져가서 화가 났구나" 하고 자신의 이야기를 들어주는 것이 아닌가. 아이는 그제서야 안심하고 엄마에게 하소연을 하기 시작했다.

엄마는 "그래. 지훈이의 장난감을 허락 없이 가져가면 화날 수 있지. 그래도 동생을 밀치는 건 너무 위험한 일이야"라고 말했다. 그러자 아이는 조그만 목소리로 "응" 하고 고개를 숙였다. 엄마는 "그럼 동생을 밀치거나 때리는 행동은 안 하기로 약속하는 거다(새끼손가락 걸고). 대신 다음에 동생이 또 지훈이 장난감을 가져가려고 하면 '이건 내꺼야. 대신 다른 거 줄게' 하고 지훈이가 가지고 놀지 않는 장난감을 주는 건 어때?"라고 말했다. 아이는 "좋아"라고 대답했다.

어느 날 친구집에 놀러간 아이는 그곳에서 평소 갖고 싶어했던 장난감을 발견했다. 너무도 기쁜 나머지 그곳이 낯설고 두려워서 오기 싫었던 마음이 금세 사라질 정도였다. 아이는 신나서 장난감을 원 없이 갖고 놀았다. 그러다 집에 가야 할 시간이 돌아왔다. 엄마가 "집에 가야지" 하자 아이는 얼른 그 장난감을 품에 안고 엄마를 따라나서려 했다.

그때 엄마가 "주호야, 그건 두고 가야지. 그건 친구 물건이잖아" 하고 말했다. 그 순간 아이는 하늘이 무너지는 것처럼 절망스러웠다. 지금껏 원하던 장난감이었고 드디어 갖게 되어서 하루 종일 함께했는데 그런 장난감을 두고 가야 한다니, 그건 말도 안 되는 일이었다. 아이는 고집을 피웠다. 그러자 엄마는 무서운 목소리로 "아니야, 그건 두고 가는 거야"라고 말했다.

아이는 그런 엄마가 너무나 밉고 속상해서 하염없이 울었다. 그러자 엄마는 아이를 꼭 안아주며 "그래, 속상할 수 있어. 주호가 그 장난감을 얼마나 좋아하는지 엄마도 잘 알아. 하지만 그건 주호 물건이 아니잖아. 주호도 친구가 집에 와서 주호의 장난감을 가져가겠다고 하면 어떨 것 같아?" 하며 이야기해준다.

그러자 아이는 "속상해. 그건 싫어"라고 작은 목소리로 말한다. 그러자 엄마는 "그래, 그러니까 다음에 그 장난감을 또 갖고 놀고 싶으면 다시 놀러오자. 어때?" 라고 말한다. 그러자 아이는 조금 속상했지만 다음에 또 와서 놀 수 있다는 말에 슬픈 마음이 쉬이 가라앉는다.

위의 사례들을 보면 아이는 속상한 마음을 엄마와의 대화를 통해 해결하는 것을 볼 수 있습니다. 자신의 슬프고 좌절된 감정을 엄마는 알아차렸고, 아이는 그에 호응을 합니다. 아이의 감정은 처음에 부정적인 감정으로 강렬했지만 엄마는 그 감정을 수용하고 이해해주었습니다. 그랬더니 아이는 부정적인 감정에 대해 죄책감을 느끼기보다 엄마와 대화하면서 감정을 다루는 모습을 보여줍니다.

위의 사례들에서는 억지 쓰는 아이를 찾기 어렵습니다. 아이와 엄마 모두 자신의 입장에서 억지를 부리지도 않고, 고집스럽게 자신의 이야기만 하지도 않습니다. 그저 상대방의 이야기를 듣고 대답하며, 자신의 감정을 솔직하게 표현하고 있죠. 그랬더니 아이는 놀랍게도 자신의 감정을 조금씩 누그러뜨리면서 다른 대안적인 방법을 수용합니다.

엄마 역시 아이에게 일방적으로 다그치며 혼을 내거나 자신의 방식을 강요하지 않았습니다. 그저 아이의 입장에서 속상했을 마음을 알아주면서 아이의 잘못된 태도에 대해서는 솔직하게 알려줍니다.

여기서 결정적으로 중요한 것은 바로 아이에게 이럴 때는 어떻게 하면 좋을지 다른 대안을 제시해주는 것입니다. 이러한 대화 패턴은 긍정적인 정서적 대화의 표본이라고 할 수 있습니다. 이런 긍정적인 정서적 언어가 일상이 될 때 아이는 다른 사람과도 자신의 감정을 적절히 표현하면서 관계를 능숙하게 이어갈 것입니다.

사실 이러한 정서적 대화의 패턴은 매우 고난이도 기술입니다. 하지만 누구도 하지 못할 기술은 아니죠. 엄마들은 이 부분을 이 책의 어떤 부분보다도 집중해서 봐야 합니다. 이제 곧 아이들은 엄마의 이야기를 듣지 않는 날이 오니까요. 그러니 아이가 어리다면 지금은 마음껏 엄마가 수다스럽다고 느낄 정도로 자신의 감정을 표현해보는 것은 어떨까요?

전문가의 한마디!

- 설교식 수다는 NO, 감정 표현의 수다는 Yes!
- 건강한 수다를 통해 문제 해결력을 키우세요.

ONE POINT
LESSON

정서적 대화를 위한
자세 5가지

1. 아이가 느끼고 있는 감정에 이름을 붙여서 잘 알 수 있도록 합니다

어린아이들은 자신의 감정이 정확히 무엇인지 알지 못할 때가 많습니다. 그렇기 때문에 아이가 속상해서 울고 있으면 "○○가 눈물을 흘리고 있네. 많이 슬프구나"라고 감정에 대해 이름을 알려줘 아이가 "아, 슬픈 감정은 이런 거구나" 하고 알도록 해야 합니다.

그래야 감정에 대해 인식하기 시작하고, 어떻게 하면 이런 감정이 생기는지 알아차릴 수 있게 됩니다. 자신의 감정을 잘 아는 사람이 다른 사람의 감정을 잘 파악할 수 있는 것은 당연한 것 아닐까요?

2. 모호한 감정에 대해 구체적으로 파악해서 제대로 알려줘야 합니다

아이들은 언어로 표현하는 데 한계가 있습니다. 그렇기 때문에 정확한 표현을 찾지 못하고, 자신이 아는 비슷한 단어를 가져와 이야기를 하기도 합니다. 이런 아이의 표현을 그대로 방치해둔다면 이것이 나중에 오해의 발단이 될 수 있습니다.

어떤 아이는 "어제 난감한 일을 당했어요"라고 이야기를 해서 무슨 일이었는지 자세히 물으니 '황당한 일을 당했다'라는 표현을 '난감한 일을 당했다'로 표현한 것이었습니다.

아이들이 감정에 대해 모호하게 인식하기 시작하면 나중에는 정확한 감정을 표현하는 데 어려움을 갖게 됩니다. 그렇기 때문에 초반에 애매하게 표현한 감정은 바로잡아주는 것이 좋습니다.

3. 아이가 서툴게 표현한 감정을 구체적인 언어로 되돌려줘야 합니다

언어 표현이 부족해서 자신의 감정을 적절하게 표현하지 못하는 아이들이 있습니다. 이럴 경우 부모님은 그 감정에 대해 공감해주고 구체적으로 다시 표현해서 아이에게 되돌려줘야 합니다.

예를 들어 동생이 자꾸 자신의 장난감을 가로채가며 빼앗자, 동생에게 장난감을 힘주어 뺏으면서 밀쳤을 때 엄마가 "동생을 밀면 어떻게 하니. 고작 장난감 가지고"라고 한다면 아이는 속으로 엄마에 대한 원망과 동생에 대한 분노가 쌓이게 될 겁입니다. 하지만 "동생이 자꾸 장난감을 뺏어가서 속상하구나. 그래서 다시 가져오려다가 동생이 넘어져버렸네. 놀랐겠다"라고 이야기한다면 아이는 오히려 동생에게 미안한 마음이 들었을 것입니다.

이때 엄마가 아이의 감정에 반응해주고 "그래도 미는 건 안 돼. 위험하거든. 다음에는 '이건 형 물건이니까 이거 갖고 놀아' 하고 말하면 어떨까?"라고 한다면 아이는 엄마가 알려준 대안을 실행해볼 것입니다.

4. 부모님이 먼저 감정 표현이 일상이 되면 아이도 따라하게 됩니다

아이들은 부모의 언어 습관을 그대로 모방하는 경우가 많습니다. 특히 부모가 "고마워" "미안해" "사랑해" 등을 많이 표현하는 경우 아이 역시 이러한 말들을 하는 데 어려움이 없습니다.

부모는 아이들의 거울입니다. 부모가 아이에게 '이렇게 해라, 저렇게 해라' 하는 것보다 부모 스스로 감정 표현을 자연스럽게 일상 속에서 자주 한다면 아이는 하고 싶지 않아도 자연스럽게 감정 표현을 잘하게 될 것입니다.

5. 잘못된 표현일지라도 일단 수용해주는 것이 좋습니다

아이는 감정 표현이 익숙하지 못하고 서투릅니다. 능숙하지 못한 것은 당연한 일이죠. 아이가 설혹 잘못된 표현을 했더라도 지적하고 혼내기보다는 "이럴 때는 이렇게 하는 거야"라고 알려주는 것이 더 바람직합니다. 화가 났다고 문을 쾅 닫고 방으로 들어가는 아이에게 "이리 와. 너 엄마한테 화났다고 문 쾅 닫은 거야?" 하고 화를 낸다면 아이는 엄마 앞에서 감정을 숨기게 될 것입니다.

하지만 그때 "○○야. 엄마한테 화가 났어? 문을 쾅 닫는 걸 보니까 화가 난 것 같아. 지금은 ○○가 화가 너무 많이 난 것 같으니까 우리 10분 있다가 얘기할까?"라고 한다면 아이는 오히려 자신의 감정을 엄마와 이야기할 수 있는 기회로 삼게 될 것입니다.

아이의 작은 성공 경험이 큰 성공을 부른다

아이에게 시간을 충분히 주어 자율적으로 접촉하도록 기회를 주고 주도적으로 시도해보게 하는 것이 중요합니다. 그러면 아이는 새로운 것을 탐색하고 시도합니다.

아이들은 자신의 모든 감각을 동원해 세상을 알아가기 위해 탐험을 떠납니다. 어떤 누구보다 훌륭한 탐험가로서 자신의 오감각을 이용해 새로운 자극에 대해 호기심을 갖고 체험하죠. 보고, 듣고, 만져보고, 느끼고, 냄새 맡으며 용의주도하게 정보를 수집합니다.

하지만 이러한 감각 기능이 예민한 아이들은 자칫 산만하다는 인상을 줄 수도 있습니다. 아이는 감당하지 못할 자극 때문에 가만히 있지 못하고 많이 움직이거든요.

또한 어느 것 하나 제대로 시도해보지 못할 정도로 자극을 버거워하는 아이들도 있습니다. 이러한 아이들의 경우 온몸이 긴장감에 휩싸이며 불안으로 아무것도 못하기도 하고, 어딘가로 숨고 싶어 할 수도 있습니다.

이런 아이들에게 세상으로 탐험을 떠나라며 등을 떠민다면 아이는 벼랑 끝에 서 있는 것처럼 괴로울 수 있습니다. 문제는 아이가 이런 자극을 적절히 처리하지 못하는 것입니다.

지나치게 자극을 탐하려고 하거나 과잉 자극으로부터 도망가려고 하는 행동을 보이는 이유는, 아이가 세상을 호기심으로 가득한 원더랜드가 아닌 자신을 괴롭게 하는 지옥처럼 느끼기 때문입니다.

아이에게 자율성을 부여해야 한다

이런 아이들에게는 서서히 자극을 접하고 일관되게 자극을 경험하게 할 필요가 있습니다. 새로운 것은 자신을 위협하는 것이 아니라 즐거운 것일 수 있다는 것을 아이가 경험할 수 있도록 말이죠. 다만 많은 것을 아이가 경험하고 누리게 해주기 위해 급하게 서두른다면, 아이는 자극의 쓰나미에 떠밀려 다시는 세상 밖으로 나오려 하지 않을 수 있습니다.

감각을 자신의 것으로 받아들여 통합하는 과정은 아이들이 새로운 것에 적응하는 데 매우 중요한 역할을 합니다. 아이가 감각에 의한 경험을 통해 새로운 것은 자신을 위협하는 것이 아니라 자신의 창조성을 키우고 잠재성을 발휘하게 하는 도구로 사용하도록 단계적인 접근이 필요합니다.

아이에게 시간을 충분히 줘 자율적으로 접촉하도록 기회를 주고 주도적으로 시도해보게 하는 것이 중요합니다. 그러면 아이는 새로운 것을 탐색하고 시도하는 것에 대해 불안과 두려움이 아닌 즐거움과 행복감을 느끼게 될 것입니다.

전문가의 한마디!

● 부모의 조급한 마음과 과도한 욕심은 아이의 성공적인 경험을 방해합니다.
● 아주 사소한 것부터 아이로 하여금 성공했다는 느낌을 주도록 해보세요.

좋은 엄마는 아이의 놀이를
방해하지 않는다

좋은 엄마는 아이가 찾을 때는 곁에 있어주지만 아이가 찾지 않을 때는 가만히 내버려둡니다. 엄마가 아이에게 자율성을 촉진해준다면 아이는 건강한 사회성을 가집니다.

엄마는 아이가 성장하는 데 필요한 모든 환경을 만들어주는 사람입니다. 그렇기 때문에 아이의 욕구와 필요가 무엇인지 가장 먼저 알아차려야 하죠.

엄마는 아이를 잘 담아내는 그릇과 같습니다. 아이가 무엇을 느끼고 경험하든 압도되지 않도록, 아이가 소화할 수 있을 정도로 만들어줘야 하는 것이죠. 다시 말하면, 엄마는 단지 아이가 충분히 경험하도록 안전장치를 마련해두되 절대로 아이에게 방해꾼이 되어서는 안 된다는 것입니다.

놀이를 통해 비유하자면, 아이는 블록놀이를 위해 블록통을 가져옵니다. 엄마는 블록을 보자마자 그럴듯한 구조물을 만들어야 한다고 생각할 수 있습니다. 아이가 블록놀이를 통해 즐겁게 무언가를 배웠으면 하는 마음에서일 겁니다.

엄마는 아이 옆에서 열심히 구조물을 만들며 "우와, 엄마가 엄청 높은 빌딩을 만들었다. 그치? ○○도 엄마처럼 해봐. 여기에 문도 달고, 창문도 달고"라며 아이에게 이야기합니다. 그러자 아이는 갑자기 다른 곳으로 가서 다른 장난감을 가져옵니다.

그러면 엄마는 "○○야, 엄마랑 블록놀이 해야지. 봐봐. 엄마가 엄청난 빌딩을 만들었어"라고 하며 아이를 다시 블록놀이로 유도합니다.

엄마가 이렇게 나오면 아이는 놀이가 더 이상 즐겁지 않게 됩니다. 아이는 그저 블록을 높이 쌓고 쳐서 부수는 놀이를 신나게 하고 싶었을 뿐인데 엄마는 아이에게 학습을 하자고 한 셈이 된 것이니까요.

결과적으로 엄마는 아이의 놀이를 방해하고 아이의 의도를 묵살한 격이 되었습니다. 엄마가 아무리 좋은 의도로 놀이를 한 것이라고 하더라도 이런 경우 아이의 입장에서 엄마는 방해꾼일 뿐입니다.

아이의 세상을
방해하지 말자

아이의 세상, 특히 아이의 놀이를 방해해서는 안 됩니다. 엄마는 그저 아이가 놀이에 초대해주면 함께 그 공간에 머물며 아이의 놀이에 적절히 호응하고 반응해주는 것으로 충분합니다. 그리고 아이가 엄마를 원할 때만 함께 참여하는 거죠.

오히려 이러한 엄마의 태도가 아이에게 자율성을 기르도록 촉진합니다. 아이가 탐험가로서의 면모를 갖추도록 돕는 것이죠. 위니콧은 아이가 침해받지 않으면서도 자기 스스로에게 몰입할 수 있도록 기회를 주는 엄마가 가장 좋은 엄마라고 했습니다. 그것은 아이에게 아무런 요구, 즉 학습을 하려는 의도 없이 아이의 세계에 함께 있는 것을 의미하는 것이라고요.

이런 엄마를 경험한 아이는 엄마로부터 공감과 지지를 받는다고 느낍니다. 이는 곧 안정감을 얻고, 자신을 회복하고 재충전할 수 있는 편안함을 느끼는 것으로 이어집니다. 결과적으로 아이에게 자신과의 관계를 더욱 견고하게 할 수 있는 기회를 주는 것이 됩니다.

외부 대상이 아닌 자신의 내면과의 관계를 맺기 위해서는 무엇보다 홀로 자신에게 집중하는 시간이 필요합니다. 아이에게 있어 그러한 시간은 놀이시간을 통해서 이루어집니다. 이렇듯 아이의 공간을 방해하지 않는 엄마를 위니콧은 '충분히 좋은 엄마(good enough mother)'라는 용어로 설명했습니다.

이런 엄마는 아이가 찾을 때는 곁에 있어주지만 아이가 찾지 않을 때는 가만히 내버려둘 줄도 아는 엄마입니다. 엄마가 이렇게 아이에게 자율성을 촉진해준다면 아이는 자신의 욕구와 필요를 상대방에게 어떻게 하면 잘 전달할 수 있을지 깨닫게 됩니다. 상호적인 신호를 알아차리고 반응하는 것이 중요한 사회성은 두말할 것 없이 잘 발달할 수밖에 없겠죠?

전문가의 한마디!

- 아이가 스스로에게 몰입할 수 있는 기회를 주는 엄마가 가장 좋은 엄마입니다.
- 주도적인 아이로 키우고 싶다면 아이의 놀이를 방해하지 마세요.

아빠는 아이의 관계를
확장시키는 역할을 한다

아빠는 아이가 엄마로부터 건강하게 분리되도록 간접적인 영향을 주는 존재입니다. 아빠가 등장하지 않으면 아이는 엄마와 더욱 밀착해 떨어지지 않으려 할 것이기 때문이죠.

아무래도 사회성을 이야기할 때 주대상은 단연 엄마입니다. 초기 애착과 대상 관계가 사회성의 주요 골자이기 때문이죠. 그러다 보니 아빠의 역할에 대해 소홀해지는 부분이 없지 않습니다.

초기 양육과 돌봄에 있어서 아빠는 할 수 있는 것이 많지 않습니다. 다만 양육과 돌봄에 힘쓰는 엄마 곁에서 든든한 지원자가 되어주고, 더 큰 틀에서 가정을 든든하게 지키고 보호하는 역할을 하는 것이 아빠의 역할이라고 할 수 있죠.

이러한 아빠의 역할은 가정 내에서 긍정적인 시너지를 낼 수 있습니다. 더군다나 아빠는 사회와의 관계에서 표본 역할을 합니다. 가정과 사회에서 관계의 균형을 잘 유지하는 모습이 아이에게 있어서 긍정적인 모델이 되는 거죠.

아빠는 아이가 사회로 나가기 위한
중요한 디딤돌이다

가정과 사회에서 관계의 균형을 유능하게 유지하는 아빠의 모습을 보고 자란 아이가 그 기술을 터득하게 되는 것은 당연한 이치입니다. 그러니 아빠는 가정과 사회 모두를 아우르는 중심적 모델이 되어야 합니다.

하지만 엄마와의 안정적 애착을 통해 자아(ego)가 생기게 되면서 아이는 아빠라는 제3의 인물과의 삼자관계에 어떻게 하면 잘 대처할 수 있는지 어려운 고비에 직면하게 됩니다. 아이는 아빠의 등장으로 엄마와의 관계가 어떻게 변할지 불안할 수 있거든요.

만약 안정적인 애착을 형성한 아이라면 아빠의 등장으로 자신과 엄마와의 관계 사이에 누군가가 끼어든다고 해서 크게 달라지는 것은 없다는 것을 확인하는 계기가 될 수도 있습니다. 그러면 아이는 엄마에게 집착하지 않고 자유롭게 한 개인으로 성장할 수 있게 됩니다. 이것은 곧 아이가 친한 친구와의 관계에서 새로운 친구가 한두 명 더해진다고 해서 이전의 친구와 관계가 소홀해지지 않을 것을 미리 경험한 것이라 할 수 있습니다.

간혹 아이 중에 단짝친구와만 친하게 지내려고 하고 새로운 친구를 거부하는 경우가 있습니다. 이런 경우 아이는 단짝친구에게 지나치게 집착해 단짝친구와도 멀어지게 되는 경우가 많죠. 이렇게 한 사람에게 집착하는 관계에만 몰두한다면 아이는 새로운 친구를 만드는 데 어려움을 느끼게 될 것입니다. 그러니 아이가 삼자관계에서 자신의 감정을 잘 처리하도록 아빠가 도와줘야겠죠?

게다가 아빠는 아이가 엄마로부터 건강하게 분리되도록 간접적인 영향을 주는 존재입니다. 아빠가 등장하지 않으면 아이는 엄마와 더욱 밀착해 떨어지지 않으려 할 것이기 때문이죠.

아빠의 등장은 아이로 하여금 더 넓은 세상으로 향하게 만듭니다. 아빠는 아이가 외부세계와 소통할 수 있도록 안내자의 역할을 톡톡히 함으로써 아이가 개별적인 존재로 살아갈 수 있도록 힘을 줘야 합니다. 그런 점에서 아빠는 아이에게 있어서 세상으로 향하는 통로라고 할 수 있습니다.

전문가의 한마디!

- 아빠는 새로운 관계의 지평을 여는 연결고리입니다.
- 아빠로 인한 긍정적 시너지 효과를 기대해보세요.
- 아빠의 역할은 관계의 확장을 잘할 수 있도록 돕는 아이의 연습 상대입니다.

애착 및
양육과 사회성

목소리로 하는 쿵짝 놀이

부모와 아이가 목소리를 통한 조율 경험으로
친밀감 쌓기

- 활동 목표: 자신의 목소리를 반영해주는 가족들과의 조율 경험을 통해 친
밀감과 소속감이 증진된다.
- 준비물: 없음
- 활동 방법: ① 한 명이 쉽게 짝지어지는 단어들을 정하여 알려준다.
    예〉 딸기–쥬스/ 코카–콜라/ 감기–콜록
  ② 한 명이 앞 단어를 말하면 다른 가족들이 목소리의 톤과 리
    듬을 그대로 따라 하면서 뒤의 단어를 말한다.
  ③ 예를 들어 아빠가 단어를 '딸기쥬스'로 정하고 '딸~기'라고
    하면 아빠의 목소리 톤과 리듬을 그대로 따라 하면서 가족
    모두 "쥬~스"라고 답한다.

몸으로 하는 쿵짝 놀이

신체활동으로 조율되는 경험을 통해 즐거운
친밀감 쌓기

• 활동 목표: 신체를 통한 조율 경험을 통해 가족들 간의 즐거움, 친밀감, 소
    속감이 증진된다.
• 준비물: 없음
• 활동 방법: ① 모두 일어나 둥글게 모인다.
    ② 한 명이 '퐁당퐁당' 노래 박자에 맞춰 동작을 하면 다른 가족
        들은 그대로 동작을 따라 한다.
    ③ 먼저 한 사람이 중간에 '얼음!'이라고 외치며 다른 가족의 이
        름을 부르면 지목된 사람이 '퐁당퐁당' 박자에 맞춰 동작을
        다르게 해본다.

호일 손, 발 만들어주기

부모와 함께 '신체적으로 긍정적인 self-image
(자기상)'을 만들기

• 활동 목표: 신체적인 접촉을 통해 애착을 증진시켜 배려와 존중을 경험함
    으로써 자신과 타인에 대한 신뢰감과 친밀감이 증진된다.
• 준비물: 호일, 방석
• 활동 방법: ① 아이의 손과 발을 충분히 감쌀 수 있는 크기로 호일을 잘라
        준비한다.
    ② 방석에 아이를 편안하게 앉힌다.
    ③ 엄마와 아빠가 아동의 손과 발 위에 호일을 대고 살살 눌러
        준다.
    ④ 완성된 후 천천히 손과 발을 분리해서 보면, 위, 아래에 입체
        적인 자녀의 손과 발을 볼 수 있다.
• 주의: 호일에 아동이 다치지 않도록 주의한다.

'자아'는 우리 아이 혼자 형성하는 것이 아닙니다. 태어나서 죽을 때까지 주어진 환경 가운데서 누군가와 상호작용하면서 형성되는 것입니다. 즉 우리 아이들의 자아는 가정, 어린이집, 학교, 또래집단 등 사회적 환경에서 상호작용으로 듣고 경험하는 언어적·비언어적인 메시지를 통해 형성되는 것입니다. 그렇다면 당신은 아이에게 어떤 메시지를 보내고 있나요?

4장

·

자아발달과 사회성은
밀접한 관계가 있다

아이의 자아는
상호작용을 통해 형성된다

―――

지금 당신의 아이는 사회성을 시작하기 전 어떤 단계에서 자아발달 과업을 이루고 있나요? 그 단계에서 올바르게 과업을 성취하려면 어떤 환경을 만들어줘야 할까요?

노을이 지는 어느 오후 민서 엄마가 놀이터에서 일곱 살 민서가 친구들과 놀이하는 모습을 지켜보고 있는데, 민서가 즐거워 보이지 않는다. 민서 엄마는 고민스러운 눈으로 아이를 관찰하게 된다. '왜 내 아이는 친구들에게 자신의 생각을 이야기하지 못하지? 싫으면 싫다고 이야기하지 못하지? 무엇이 어려운 것일까?'라는 생각을 하게 된다. 최근 민서의 어린이집 선생님과 상담 이후 엄마는 더욱 이러한 질문을 하게 된다.

어린이집에서 민서는 분명 자기가 하고 싶은 놀이가 있는데, 친구들이 다른 놀이를 원하면 친구가 원하는 놀이를 한다고 한다. 또 자신은 하기 싫은 놀이지만 친구들이 원하면 하기 싫어도 그 놀이를 한다는 것이다. 생각해보면 집에서도 그렇다. 엄마나 형이 좋으면 자기가 싫어도 좋다고 말하면서 다른 사람에게 맞추는 행동을 하고 있다. 그런 후 때로는 짜증을 내거나 화를 내는 경우도 있었다.

'과연 이러한 행동이 사회성에 문제가 있어서 그러는 것은 아닐까'라는 생각으로 엄마는 고민할 수 있습니다. 물론 사회생활에서 자신이 원하는 것만 할 수 있는 것은 아닙니다. 따라서 어른의 세계에서는 자기가 싫어도 해야 하는 것, 좋아하지만 할 수 없는 것 등을 이해하는 것이 바로 사회생활의 기본이라고 이야기합니다.

하지만 이때 분명히 확인해야 할 것이 있습니다. 좋지만 포기하고, 싫지만 해야 할 일을 선택하는 데 있어서 상대방 중심이 아니라 자신이 중심이 되어 판단하고 행동하고 있나요? 혹시 자신의 의견이나 생각은 배제하고 친구나 상대방의 의견에 맞추고 있나요? 만약 후자 쪽에서 우리 아이를 떠올린다면 한 번쯤은 사회성이 아닌 자아존중감에 대해서 먼저 생각해봐야 합니다.

4장에서는 사회성을 위해서 '나=자아'가 무엇인지 먼저 생각해보려고 합니다. 그런 다음 자아가 어떻게 발달되고 어떻게 높은 자존감으로 완성되는지 알아봅시다.

자아는 독립을 외치며
시작한다

당신이 생각하는 자아는 무엇인가요? 자아(自我, ego)는 생각과 감정 등 여러 가지 망원경으로 외부세계를 관찰 및 접촉하고 움직일 수 있는 중심-주체로서의 '나 자신'을 의미합니다. 즉 이 세상을 주체적으로 직접적으로 관찰 및 접촉하면서 생각하고, 오감으로 느끼고 움직이는 것, 그것이 바로 '나=자아'인 것입니다. 이 세상의 중심이 바로 '나=자아'입니다.

이러한 자아는 태어나는 순간부터 죽을 때까지 성장 과업을 거쳐 발달하고 있습니다. 이 글을 읽고 있는 당신도, 당신의 아이도 자아발달 과정 중에 있는 것입니다. 그렇다면 우리 인간의 자아는 어떻게 성장하고 있는지 우리 아이의 모습을 떠올리면서 생각해봅시다.

먼저 한 살 때의 아이를 떠올려봅시다. 당신을 닮은 것이 신기하고 너무나 작고 예쁜 아이입니다. 매 끼니마다 식사 시간을 야무지게 챙기고, 맛있게 먹은 음식을 적당히 배출해내는 본능적인 모습을 보입니다.

이때는 신뢰감과 불신감의 자아를 발달시키게 됩니다. 본능적인 오감으로만 세상을 접촉하는 자아는 본능적 오감이 충족되면 세상에 대해 신뢰감을 얻을 것이고, 본능적인 오감이 충족되지 못하면 불신감을 경험하게 됩니다.

자, 이제는 2~3세까지의 아이를 떠올려봅시다. 작은 발로 걸음마를 시작하고, 작은 손으로 꼬물꼬물 무언가를 움직이는 것이 신기하고 기특합니다. 아이들 스스로가 손과 발을 자신이 생각하는 방향으로 움직일 수 있다는 것을 알게 되는 시기입니다.

어쩌면 이때부터 부모로부터의 독립이 시작되고, 하나의 멋진 개체로서 성장을 시작함과 동시에 전쟁도 시작되는 것은 아닐까요? '나의 몸은 나의 것이니 터치하지 마시오'라는 아이와 '이 세상에 대해 가르칠 것이 많으니 나를 따르라'는 부모와의 전쟁 말입니다. 이때 자아가 자신감을 갖고 행동할 수 있었다면 자율성을 발달시켰을 것이고, 과잉통제를 받았다면 수치심을 경험하게 됩니다.

취학 전까지의 아이의 모습은 어떤가요? 조금씩 작은 입에서 너무 귀여운 표현과 생각하지 못했던 표현들이 쏟아집니다. 이전에는 온몸으로 독립을 외쳤다면 이제는 사고적으로 독립에 도전하기 시작합니다.

이때 아이들은 자신이 경험할 수 있는 세상에서 가장 활발하게 자극을 수용하고 표현합니다. 또한 놀이 속에서 경쟁-도전을 위해 노력하고, 실패도 하게 됩니다. 몸을 자유롭게 움직일 수 있으니 보고 듣고 느낄 수 있는 것이 많아집니다.

자연스럽게 궁금한 것도 많아 끊임없이 질문하고 생각하면서 자신만의 세상의 크기를 만들어갑니다. 이때 자아가 적절한 자율성으로 자신만의 긍정적인 세상을 경험했다면 주도성을 발달시켰을 것이고, 자신의 활동에 일관성 없는 제한과 주로 실패감을 느꼈다면 죄책감을 경험했을 것입니다.

자아는 혼자서
성장할 수 없다

이제는 가방을 메고 초등학교에 다니는 어린이를 떠올려봅시다. 이때부터 아이들의 본격적인 사회 적응과 기초지식 습득이 시작됩니다. 유치원과 어린이집에서 배운 지식과 적응은 명함도 못 내밉니다. 아이들은 본격적으로 공부, 운동, 또래관계 등 다양한 측면에서 성취감을 경험하고, 더불어 다양한 과제에 대한 책임감과 가치·규범을 얻게 됩니다.

이러한 과정에서 자아가 잘할 수 있는 것을 인지하고, 그것을 지속하기 위해 노력하면서 긍정적인 결과를 얻었다면 근면성이 발달되고, 반대로 지나친 요구로 유능감을 얻지 못했다면 열등감을 경험하게 됩니다.

어린이를 넘어 이제는 무시무시한 청소년기입니다. 청소년기의 자녀가 없다면 이 책을 읽고 있는 당신의 청소년기를 떠올려볼까요? 이 시기는 '나는 누구인가'라는 질문을 끊임없이 하는 시기입니다. 태어나서 초등학교 때까지의 자아가 경험해 습득한 자아개념, 즉 자신에 대한 신체적인 외모, 성격 특성, 주관적인 가치관, 생활 태도, 능력 및 재능 등 자신만의 이미지를 평가하면서 하나로 통합해 '나=자아'에 대한 존재감을 형성하게 됩니다.

이때 안정적인 존재감을 얻었다면 자아정체감 및 자아존중감, 즉 자신이 사랑받을 만한 가치가 있는 소중한 존재이고 어떤 문제든 해결할 수 있는 유능한 사람이라고 믿는 마음을 발달시킬 것입니다. 하지만 반대의 경우라면 자신의 역할과 정체감의 혼란을 경험할 수 있습니다.

그렇다면 이 책을 읽고 있는 당신의 자아발달 단계는 어떨까요? 성인의 경우, 지금까지 발달된 자아개념의 요소를 통합해 형성시킨 자아존중감을 유지하면서 원만한 사회 구성원으로서 성장합니다. 또한 사회적 상호작용을 통해 자신의 역할을 찾고, 더 나아가 가정을 꾸리며 사회발전을 위해 노력하는 과정에서 자아를 발달시켜 나아갑니다.

그후 노년에 들어서면 지나온 인생 가운데 실패와 성공을 돌아보고, 문제점은 무엇인지, 잘못된 점은 인정하고 개념을 정립함으로써 자아통합을 이루고 자아발달을 마무리하게 됩니다.

지금까지 사회성에서 가장 기본으로 설명되어야 하는 자아와 자아가 발달되는 단계, 그 안에서 형성되는 자아존중감에 대해 이야기했습니다. 여기서 당신이 꼭 눈치챘으면 하는 중요한 사실이 있습니다. 자아라는 것은 혼자서 형성되는 것이 아니라는 점입니다.

자아는 태어나면서부터 죽을 때까지 사회적 환경에서 누군가와 끊임없이 상호작용하며 형성되는 것입니다. 즉 우리 아이들의 자아는 혼자서 완성되는 것이 아니라 가정, 어린이집, 학교, 또래집단 등 사회적 환경에서 누군가와의 상호작용으로 듣고 경험하는 언어적·비언어적인 메시지를 통해 형성되는 것입니다.

지금 당신과 아이는
어느 과정에 있나?

일곱 살 민서의 이야기로 다시 돌아가봅시다. 민서는 왜 가정과 어린이집에서 싫으면 싫다고, 좋으면 좋다고 자기 주장을 못하고 다른 사람 의견에 따라서 행동했을까요?

만약 아이가 갈등상황에서 '나는 이것이 좋지만 너를 위해서 오늘은 내가 양보하는 거야. 하지만 다음에는 내가 좋아하는 것을 할 수도 있어'라는 생각을 하고 행동한다면 긍정적인 사회적 조절 능력을 가진 아이입니다. 하지만 '내가 이것을 하지 않으면 친구들이 나를 싫어하고 나와 놀아주지 않을 거야'라는 생각으로 행동했다면, 그동안의 자아발달 과정의 경험에 대해 생각해볼 필요가 있습니다.

그렇다면 지금 당신의 아이는 어떤 단계에서 자아발달 과업을 이루고 있나요? 그 단계에서 올바르게 과업을 성취하려면 어떤 환경을 만들어줘야 할지 그림이 그려지나요? 아니라면 그림을 위한 기본 작업을 하나씩 해나가봅시다.

전문가의한마디!

● 세상의 중심은 바로 '나=자신(자아)'입니다.
● 자아는 사회적 환경에서 누군가와 상호작용을 통해 형성되는 것입니다.

아이의 건강한 신체상은
건강한 자아발달의 기초다

긍정적인 자아개념을 가지고 있다면 어떤 또래관계에서도 자신감 있게 움직이고 표현할 수 있습니다. 오늘부터라도 긍정적인 신체상을 만들어주세요.

시원한 바람이 부는 9월의 어느 날이다. 무더웠던 여름이 끝나가는 주말 오후, 우리 가족은 낮에 간식을 먹은 뒤 크레파스로 그림 그리기 놀이를 시작했다. 여섯 살이 된 큰아이가 한참 공룡메카드를 그리고 난 뒤 스케치북 한편에 자신의 모습을 그린다. 얼굴, 목, 몸통, 손을 그리고 그림을 끝낸다. 아빠가 그 모습을 보고 "우진아, 얼굴과 손을 그렸는데 왜 다리는 그리지 않았어?"라고 질문했다.

아이는 자신의 그림을 보고 잠깐 생각을 한 뒤 "난 형식이보다 달리기를 못해서…"라고 이야기했다. 아빠는 "달리기랑 다리가 무슨 상관이야?"라고 다시 질문했고, 아이는 "아빠, 나는 달리기를 못한다고…"라고 대답했다. 아빠는 그제서야 아이의 말 뜻을 알아차렸다.

위의 짧은 글을 통해 아이의 그림 속 신체 모습과 자아개념을 연결할 수 있나요? 신체상은 가장 본능적인 자아로서 개인이 자신의 신체에 대해서 가지는 의식적·무의식적 지각 및 개념을 포함해 신체의 크기, 외모, 기능 및 신체와 관련된 여러 가지 감정과 느낌에 의해 형성되는 것입니다.

이 신체상은 긍정적인 자아발달로 연결될 수 있는 중요한 자아개념 중 하나입니다. 어릴 때부터 형성될 수 있는 신체상의 특징은 사회문화적인 영향을 통해 변화하는 특징이 있습니다. 모델 장윤주의 경우가 예가 될 수 있습니다.

장윤주는 우리나라의 대표적인 모델입니다. 그녀는 어릴 적 주변에서 지나치게 다리가 길고 가늘어서 부정적인 이야기를 많이 들었다고 합니다. 그녀로서는 가늘고 긴 다리가 중학교 때까지 콤플렉스였습니다. 하지만 중학교 때 "넌 모델을 해봐라"는 말 한마디에 지금과 같이 당당하고 멋진 모델이 될 수 있었다고 합니다.

한 사람의 말 한마디에 자신의 신체 자아개념이 바뀌면서 인생 전체가 바뀌는 경험을 한 것입니다. 모델이라는 직업이 흔치 않았던 때 그녀의 긴 다리는 넘어지기 쉬워 보이고 그저 가늘어 볼품없는 다리에 불과했으나 지금은 누구나 그런 다리를 부러워합니다. 이렇게 신체상은 사회문화적인 영향을 많이 받으며 쉽게 변화할 수 있는 특징이 있습니다.

아이의 신체상은
어떻게 발달하나?

그렇다면 우리 아이의 신체상은 어떻게 발달될까요? 2세부터 아이들은 자신의 몸을 독립적으로 인식하고 움직일 수 있게 됩니다. 이 시기에는 자신의 손, 발, 얼굴 등을 인지하고 조절하는 것에 초점을 둡니다.

3세부터는 자신의 몸과 다른 사람의 몸을 비교하면서 차이점을 조금씩 알게 됩니다. 또한 남녀 신체의 다른 점도 인식하게 되면서 엄마, 아빠의 신체와 자신의 신체의 다른 점을 인지하고 비교하기 시작합니다. 그리고 점점 부모나 선생님들 그리고 또래집단의 피드백을 통해서 사회문화적으로 자신의 신체상을 형성합니다. 나아가 다른 사람과 비교하면서 만들어진 긍정적인 반응과 부정적인 반응을 지각하게 됩니다.

초등학교부터 청소년 시기까지는 사회적 행동반경이 넓어지면서 성 역할을 구체적으로 인식하게 됩니다. 또한 2차 성장 발달로 신체상에 대한 관심이 높아지면서 자신의 신체와 다른 사람의 신체를 구체적이고 세부적으로 비교하게 됩니다. 더불어 다른 사람에게 보이는 자신의 신체상에 대해 집중하게 됩니다. 이 시기에 이에 대해 예민하게 반응하다 보면 자신의 신체에 대한 불만과 자신감의 결여 등 자아발달에 부정적인 영향을 미칠 수 있습니다.

이러한 과정을 거쳐 우리 아이들의 신체상이 형성되어갑니다. 신체상은 자아 형성의 기본이자 나아가 자아개념의 중심이며 자기 이해의 기초가 될 수 있습니다. 따라서 유명한 심리학자는 자신의 신체에 대한 만족 수준이 높을 때 긍정적인 자아개념을 갖게 될 확률이 높다고 했습니다. "건강한 신체에 건전한 정신이 깃든다"라는 영어 속담도 있습니다. 이는 올바른 신체상으로 인해 생길 수 있는 긍정적인 자아개념을 빗댄 말이 아닐까요?

우리 아이를 다른 아이와
비교하지 말자

그렇다면 우리 어른들은 아이들에게 어떤 환경을 만들어줘야 할까요? 아이들이 신체상을 형성할 때 지나치게 불필요하게 반복되는 요소가 있습니다. 바로 다른 사람과의 비교입니다.

앞에서 이야기한 우진이 사례로 연결해보겠습니다. 여섯 살 우진이는 "○○보다 달리기를 못한다"라고 하며 자신의 신체상에 대해 이야기하고 있습니다. 어쩌면 우리 아이도 스스로 혹은 어른들에 의해 누군가와 자신을 비교하면서 신체상을 형성할지도 모릅니다. 그것이 긍정적이든 부정적이든 비교로 시작한 평가는 우월한 누군가를 만난다면 쉽게 비교에 의해 무너질 수 있습니다.

따라서 우리 아이의 긍정적인 신체상 형성을 위해 사랑스러운 아이를 있는 그대로의 모습으로 칭찬해주는 것은 어떨까요? "엄마, 아빠, 언니보다 작은 눈이 아니다" "○○보다 잘한다" "○○보다 못한다"라는 평가는 이제 그만해야 합니다. "우리 ○○는 끝까지 달리기를 할 수 있는 튼튼한 다리를 가지고 있구나" "우리 ○○는 꽃을 볼 수 있는 예쁜 눈을 가지고 있구나"라고 칭찬해주세요.

기준은 오로지 '나=내 아이'입니다. 그러면 우진이는 앞으로 자신의 모습을 그릴 때 두 다리까지 멋지게 그릴 수 있을 것입니다.

이렇게 우리 아이가 누군가와 비교하지 않고 긍정적으로 형성된 신체상이 있다면 앞으로 자신을 누군가와 비교해 평가하지 않을 것이고, 누군가가 평가하더라도 흔들리지 않고 자신의 모습을 올바르게 볼 수 있을 것입니다.

이러한 자아개념을 가지고 있다면 어떤 또래관계에서도 자신감 있게 움직이고 표현할 수 있을 것입니다. 이런 모습이 또래관계에서 부모가 바라는 아이의 모습이 아닐까요? 그렇다면 오늘부터라도 긍정적인 신체상을 만들어주세요.

전문가의 한마디!

- 건강한 신체상은 건강한 자아발달의 기초입니다.
- 기준은 오직 내 아이입니다. 있는 그대로의 모습을 사랑해주세요.

아이가 무엇을 느낀다면
언어로 표현할 수 있도록 하자

커가면서 부딪치는 크고 작은 상황에서 차근차근 "이럴 땐 이런 이유로 이런 감정이 생길 수 있어. 그것을 이러한 단어로 표현할 수 있단다"라고 알려줘야 합니다.

고등학교 친구들이 집에 놀러 와서 오랜만에 수다를 떨며 스트레스를 풀고 있다. 그런데 아이들끼리 놀고 있는 작은방에서 우리 아이의 울음소리가 들린다. 방으로 달려가서 아이에게 "현수빈, 왜 또 울어? 무슨 일이야?"라고 묻는다.

아이는 대답 없이 계속 울기만 한다. 옆에 있는 다른 아이는 황당하다는 표정으로 "팽이를 돌리는데 자리가 없어서 옆으로 좀 가라고 했는데… 갑자기 울어요"라고 말한다.

아무 일도 아닌 것 같은데 툭하면 울음부터 터트리고 보는 아이. '무엇이 문제일까?' '앞으로 친구들이랑 잘 지낼 수 있을까?'

184 •

엄마는 반복되는 이런 상황에 화도 나면서 걱정도 됩니다.

'왜 내 아이는 모든 상황에서 말이 아닌 울음을 선택할까? 말을 못하는 것도 아닌데 왜 울음부터 터트리는 걸까?' 울고 있는 아이를 달래면서 엄마는 한숨을 쉬게 됩니다. 또 무슨 일만 생기면 무조건 발을 동동 구르며 툭하면 화부터 내는 아이도 엄마로서는 걱정거리입니다.

사회성을 위한 자아는 오로지 신체 발달 속 올바른 신체상으로만 이루어지는 것이 아닙니다. 우리는 신체 발달과 더불어 감정과 생각이 함께 발달합니다. 물리적인 신체 발달을 바탕으로 주변의 사건에 대해 가질 수 있는 마음과 기분, 의견 등이 함께 발달하게 되는 것입니다.

느낄 수 있는 감정이
점차 많아진다

그렇다면 우리 아이들의 감정은 어떻게 발달하고, 어떻게 표현할 수 있는 것일까요? 인간은 태어나면서부터 풍부하고 다양한 감정을 가지고 태어나는 것이 아닙니다. 출생 후 2~7개월이 되면서 우리 아이들은 기쁨·분노·슬픔·놀람·공포라는 오로지 5가지의 감정만 가질 수 있습니다.

이 감정들은 시대와 문화, 환경에 상관없이 모든 아이들이 가질 수 있는 기본 감정(basic emotion)이라고 합니다. 즉 인간이 나면서부터 느낄 수 있는 아주 기본이 되는 감정입니다.

첫돌까지 우리 아이들은 배부르게 우유를 먹으면 기쁨, 뜻하지 않게 몸을 움직이다가 소리 나는 장난감에서 큰 소리가 나면 놀람, 기저귀가 젖거나 배고프면 분노, 아프면 슬픔, 아무도 자신의 움직임에 반응하지 않는다면 공포 등 다양한 상황에서 5가지 감정을 느끼고 표현할 수 있습니다.

첫돌이 지나 만 2세까지 아이들은 자신의 몸을 움직이면서 거울을 보며 다양한 표정놀이를 합니다. 이때 자신을 인지하는 순간부터 부러움, 죄책감, 자부심, 수치심, 불안감 등 자기평가적인 감정과 함께, 사회적인 존재로서 규칙이나 상황을 연결하면서 복합 감정을 가질 수 있게 됩니다.

예를 들어보죠. 아이가 우유를 먹다가 우유를 쏟게 됩니다. 이전에는 기본 감정으로 쏟아진 우유를 보고 놀라는 반응만 보였습니다. 그러나 첫돌 이후부터는 우유를 쏟으면 안 된다는 규칙을 연결할 수 있게 됩니다.

그러면서 기본적인 놀람의 반응과 함께 규칙을 어긴 것에 대한 죄책감과 이에 따른 엄마의 부정적인 피드백에 대한 불안감 등, 다양한 감정을 느낄 수 있게 됩니다.

이렇게 점차 어떤 상황에서 느낄 수 있는 감정의 수가 많아지고, 그 감정으로 자신의 행동을 평가하면서 사회적으로 부정적 피드백을 받은 행동들은 조절하고, 긍정적인 피드백을 받은 행동들은 강화하며 성장할 수 있습니다. 이렇게 점차 성장하면서 우리 아이들은 인지할 수 있는 감정의 수가 많아집니다.

"말해볼까?"라고
아이에게 자주 말하자

무언가가 많아지면 쌓이기 시작하고, 당연히 이를 쏟아낼 수 있는 무언가가 필요합니다. 이것이 세상의 진리입니다.

인간이 마음에 쌓인 것을 쏟아낼 수 있는 가장 쉽고 편리한 방법은 언어일 것입니다. 이 글을 읽고 있는 당신도 마음이 통하는 사람과의 수다 한 번으로 모든 쌓인 스트레스가 풀리는 경험을 해보았다면 공감할 수 있을 것입니다.

우리 아이들도 마찬가지입니다. 출생 후 첫돌까지 기본 5가지 감정을 표현하는 방법은 오로지 웃음과 울음뿐입니다. 이때 엄마인 당신의 모습을 떠올려볼까요?

아이가 갑자기 울고 있습니다. 어떤 감정 표현인지 몰라 기저귀, 우유병, 체온계 등을 떠올리면서 추리를 시작합니다. 그러다 올바른 추리로 아이의 울음이 멈추면 한숨 돌리게 되면서 아이도, 당신도 웃음을 짓게 됩니다.

이렇게 추리게임을 하다 보면 감사하게도 아이들은 성장하면서 자신의 상태를 언어적으로 표현할 수 있게 됩니다. 하지만 이 과정에서 적절한 표현력을 성장시키지 못했다면 아직도 우리 아이는 다양한 감정을 쌓아놓기만 할 뿐 쏟아낼 방법을 찾지 못해 본능적으로 울기만 할 수 있습니다.

슬픔을 느껴서 우는 것은 당연합니다. 하지만 날씨가 더워서, 부끄럽다고, 친구가 조금 서운하게 했다고, 자신이 원하는 것을 갖지 못해서, 배가 고파서 등등 모든 상황에서 아이가 울기만 한다면 어떻게 될까요? 원만한 또래관계를 형성하고 확장시키는 데 있어 제한이 있을 수 있습니다.

또래 관계문제뿐만 아니라 울음으로만 자신의 감정을 표현한다면 아이 자신도 얼마나 답답할까요? 그렇다면 우리는 어떻게 아이를 도와줘야 할까요?

우선 아이에게 너의 감정과 생각을 표현하고 싶다면 가장 효과적인 방법은 언어라는 것을 알려줄 필요가 있습니다. 익숙한 울음이라는 통로보다는 언어의 통로로 움직였을 때 더 정확하고 효과적이라는 긍정적인 경험이 필요합니다.

아이의 감정에
이름을 붙여주자

감정과 생각을 언어의 통로로 표현할 수 있다는 것을 알려주었다면, 그 다음은 통로를 통해 전달할 수 있는 다양한 감정의 이름을 알려줘야 합니다. 때로는 언어로 전달하고 싶어도 이름을 알지 못해 전달하지 못한 경우도 있기 때문입니다.

앞에서 사례로 들었던 상황과 연결해보겠습니다. 친구가 팽이를 돌리다가 옆으로 비켜달라는 소리에 아이가 울음을 터트렸다면, "왜 또 울어?"라는 반응보다는 지금 아이가 느낄 수 있는 감정의 상황을 다음과 같은 말로 공감해줄 필요가 있습니다. "그 자리에서 보고 싶었는데 갑자기 비켜달라고 해서 싫었구나. 그래서 짜증이 나고 속상했겠구나" 등 감정단어를 사용해 언어적으로 상황을 정리해주고 인식시켜주면서 말입니다.

이러한 방식으로 크고 작은 상황에서 차근차근 아이들에게 "이럴 땐 이런 생각으로 이런 감정이 생길 수 있어. 그럴 땐 이런 단어로 표현할 수 있단다"라고 알려준다면 아이들은 조금씩 어떤 상황에 직면했을 때 표현할 수 있는 단어를 배울 수 있습니다.

분명한 점은 처음부터 잘할 수 없으니 서툴러도 짧게라도 분명하게 표현할 수 있는 기회를 줘야 한다는 것입니다.

지금까지의 내용처럼 사회적 관계 속에서 우리 아이가 주체가

되어 느끼는 다양한 감정과 생각을 올바르게 세상을 향해 조금씩
전달할 수 있다면 사회적 관계를 위한 기본적이면서도 제일 중요
한 과업은 이룬 것이 아닐까요?

전문가의 한마디!

- 무언가를 느낄 수 있다면 언어로 표현할 수 있도록 해주세요.
- 표현할 수 있는 감정 이름을 많이 알려주세요.

나를 이해한 만큼
친구를 이해할 수 있다

우리 아이의 사회성을 위해 올바른 자기이해를 먼저 형성시켜야 합니다. 올바르게 자기를 이해할 수 있도록 오늘부터 조금씩 도와주는 것이 올바른 사회성을 위한 길입니다.

편의점의 간이 테이블에 앉아서 초등학교 6학년으로 보이는 여자 아이들 3명이 학원을 가기 전 간식을 먹으면서 이야기를 나누고 있다. 한 아이가 친구에게 "나는 그림을 잘 그리고 만화 보는 것을 좋아해서 만화가가 되고 싶어. 그래서 만화 그리는 학원에 가고 싶어"라고 이야기한다.

그러자 마주보고 앉아 있던 여자 아이가 "맞아. 넌 그림을 잘 그리는 것 같아. 우리 엄마도 너 그림 잘 그린다고 했어. 좋겠다. 난 아직 잘하는 것이 없는데…"라고 이야기한다. 그러자 다른 여자아이가 "난 우리 엄마가 외우는 것을 잘한대… 그냥 엄마가 잘한대… 난 모르겠어"라고 이야기하면서 간식을 먹고 있다.

이 글을 읽고 있는 당신은 이 이야기가 어떻게 들리나요? 자신에 대해서 자신 있게 표현하는 사람을 매력적이라고 생각해본 적이 있나요? 그 표현이 객관적으로 100% 맞든 틀리든 표현하는 과정에서 그 사람의 당당함이 매력적이고 좋아 보이지 않나요? 자신에 대해 스스로 확신을 가지고 있는 사람 말입니다.

위에서 힌트를 주었듯이 자기이해란 자신이 누구이며, 어떤 감정을 가졌고, 이러한 행동을 하는 이유에 대해 올바르게 탐색한 뒤 이를 바탕으로 내가 가지고 있는 장점과 단점을 객관적으로 받아들일 수 있는 자세라고 할 수 있습니다.

이러한 자기이해 능력을 지능의 일부분으로 평가한 하워드 가드너(Howard Gardner)는 자기이해 능력이 잘 발달되지 못하면, 정체성 형성에 어려움이 생기면서 가치관의 혼란을 겪고 사회관계에서 어려움을 경험할 수 있다고 설명했습니다. 이렇게 중요한 것을 우리 아이에게 만들어주려면 어떻게 도움을 줘야 할까요?

내가 이 행동을 하는 이유는 무엇일까?

먼저 자기이해 형성을 위한 1단계는 올바른 자기탐색입니다. 이는 위에 설명한 올바른 신체상과 감정인식과도 연결될 수 있습니다. 우리 아이가 자신의 신체와 감정을 주관적인 왜곡 없이 올바르게 인지할 수 있다면 가장 기초적인 작업은 안정적이라고 할 수 있습니다.

다음 2단계는 올바른 신체상과 감정인식을 가지고 자신을 움직이게 하는 것이 무엇인지를 탐색하는 것입니다. 즉 내가 이 순간에 어떤 선택을 하고 그 선택을 하는 이유가 무엇인지를 아는 것입니다.

'내가 지금 이 순간, 많은 우유 종류 중 초코 우유를 선택하는 이유는 무엇인가?' '내가 지금 자전거를 타는 이유는 무엇인가?' '내가 지금 이 책을 읽고 있는 이유는 무엇인가?' 등의 질문에 대답할 수 있다면, 자신의 생각과 행동에 대해 자신이 주체가 되어 탐색할 수 있을 것입니다.

내가 초코 우유를 선택한 데 대해 '내가 초콜릿을 좋아해서' '피곤한 내 몸이 당분을 원하기 때문에' '내가 좋아하는 사람이 초콜릿을 좋아하기 때문에 그 사람에게 맞춰주고 싶어서' 등 모든 선택에 대해 나의 중요한 이유를 탐색 및 인지할 수 있다면 일상에서 자기 이해를 위한 2단계 과업을 성취하고 있는 것입니다.

우리 아이들도 마찬가지입니다. 우리 아이가 터닝 메카드의 많은 캐릭터 중에서 하나의 캐릭터를 좋아하는 이유를 물어보면 자기 이해를 바탕으로 많은 이유가 나올 수 있습니다. '힘이 세서' '하늘을 날아다닐 수 있어서' '변신하는 것이 멋있어서' '변신할

때 나오는 음악이 멋있어서' '파란색이라서' '꼬리가 길어서' 등
등 자신이 그 캐릭터를 선택한 이유를 대답할 수 있을 것입니다.

이때 만약 내 아이가 '누가 이것이 멋있다고 해서' '그냥 좋아
서' '몰라' 등으로 대답한다면 한 번쯤 우리 아이의 자기탐색이
부족한 것은 아닌지, 표현력이 미숙한 것은 아닌지, 자기이해라는
부분에서 생각해봐야 할 것입니다.

그리고 일상에서 우리 아이가 무엇을 즐기고 좋아하는지, 무엇
을 얻으려고 행동하는지, 무슨 일을 원하고 하려고 하는지 등에
대해 관심을 가지고 관찰해야 합니다. 그런 뒤에 객관적으로 아
이의 행동과 사고를 설명하거나 이야기를 나눌 필요가 있습니다.

예를 들면 "우리 ○○는 장난감도 초록색, 운동화도 초록색을
선택하네. 우리 ○○는 초록색을 좋아하나?" "우리 ○○은 바나나
와 딸기를 다 잘 먹지만 딸기를 살 때 엄마를 보면서 더 기분 좋
게 웃는 것 같아. 우리 ○○는 딸기를 좋아하나보네?"라고 아이
스스로 자신의 행동과 생각에 있어 자기를 탐색할 수 있는 기회
를 제공해주는 것도 필요합니다.

혹시 아이가 표현력이 부족하다면 부모가 먼저 "엄마는 빨간
색을 좋아해서 오늘 빨간색 귀걸이를 했어" "엄마는 이 캐릭터의
날개가 노란색과 보라색이 들어가 있어서 이 캐릭터가 좋아" "아
빠는 땀 흘리는 것을 좋아해서 자전거 타는 것을 좋아해"라는 식
으로 이야기하며 표현력을 배울 기회를 주는 것도 필요합니다.

다르다고 해서
틀린 것은 아니다

3단계는 사회적 환경 및 관계에서의 나의 모습에 대한 자기이해입니다. 이 단계에서는 '기본적으로 존재하는 도덕과 규칙 이외에 좋고 나쁨도, 올바른 것도, 틀린 것도, 1등과 꼴찌도 존재하지 않는다'라는 생각이 가장 중요합니다. 즉 사회적 환경과 관계에서 서로 다름의 차이를 올바르게 이해하는 것입니다.

앞의 단계를 통해 자신의 신체상과 감정을 인지 및 이해하고 자신의 생각과 행동을 탐색했다면, 3단계에서는 이를 바탕으로 사회적 관계에서의 나를 올바르게 바라보는 것이 중요합니다. 이 단계에서 가장 많은 오류가 생김에 따라 자아발달에 상처를 입기도 합니다. 사회적 관계에서 어른들의 잘못된 평가에 의해 아이들은 자신의 모습을 올바르게 바라보지 못할 수 있습니다.

우리 아이가 다른 아이들보다 친구들과 쉽게 어울리지 못한다고 틀린 것이 아닙니다. 또 모르는 사람들에게 먼저 다가가서 인사를 잘 한다고 해서 올바른 것도 아닙니다. 책을 좋아한다고 해서 올바른 것도 아니고, 장난감만 좋아한다고 해서 틀린 것도 아니라는 것입니다. 발표를 많이 하는 것은 좋고, 발표를 못하는 것은 나쁜 것이 아닙니다.

이런 내용으로 단 한 번이라도 아이에게 좋고 나쁨, 올바르고 틀린 것에 대해 이야기한 적이 있나요? 겉으로는 이야기하지 않았다고 해도 엄마의 무의식적인 평가가 아이의 사회적 관계 속 자기이해에 상처를 줄 수 있다면 엄마의 평가는 달라져야 합니다.

발표하는 순간이 편한 아이가 있고, 발표하는 순간이 불편한 아이가 있습니다. 많은 친구와의 어울림이 편한 아이가 있고, 많은 친구보다는 한두 명의 친구와의 어울림이 편한 아이가 있는 것입니다.

먼저 말을 거는 것이 편한 아이, 누군가가 다가와서 말을 건네주는 것이 편한 아이가 있습니다. 옳고 그름이 아니라 편하고 불편하다고 생각한다면 당신의 아이를 이해하는 데 덜 조급해질 수 있습니다. 이 세상은 서로 다른 차이점을 가지고 태어나서 그 차이점을 가지고 각자의 인생을 멋지게 살아가는 것이라고 생각할 수 있지 않을까요?

우리 아이들은 당신에게는 가장 예쁜 별입니다. 어느 누가 별이 빨간색이라서, 노란색이라고, 작다고, 길쭉하다고 아름답지 않다고 할 수 있나요? 별은 반짝이는 그 자체로 아름다운 것입니다. 자아가 가지고 있는 성격과 성향에 따른 모습은 옳고 그른 문제가 아닙니다. 단순히 다른 것일 뿐입니다.

오늘부터라도 당신이 생각하는 고민거리가 오로지 다르다는 차이에 대한 고민이라면 우리 아이의 건강한 자기이해를 위해 그 고민을 멀리 던져버리는 연습을 시작해야 합니다.

나를 이해한 만큼
친구를 이해할 수 있다

토론시간에 조별 발표를 앞두고 '나는 ○○처럼 발표를 못하는데, 어떡하지'라고 문제 상황을 두고 고민하기보다는 '나는 발표하는 것이 조금 떨려서 불편하지만 발표 내용을 잘 정리해 예쁘게 쓸 수 있어' '○○는 사진 찍기를 좋아하고, 나는 사진 찍히는 것을 좋아해'라고 생각하길 원하나요?

그렇다면 사회관계에서 서로 다른 차이를 부정적으로 바라보지 않고 자신의 모습을 올바르게 인지할 수 있도록 도와주세요.

우리 아이가 스스로 이렇게 생각할 수 있어야 합니다. '나는 조용히 혼자 있는 시간을 좋아하는구나' '나는 선생님에게 질문하는 것을 좋아하는구나' '나는 친구들에게 이야기해주는 것이 좋아' '나는 친구들의 이야기를 듣는 걸 좋아해'

자신을 올바르게 이해할 수 있을 때 주변 상황을 올바르게 이해할 수 있습니다. 오로지 당신의 별에만 집중해 별 그대로가 반짝일 수 있도록 지켜주세요. 올바르게 지켜주었다면 그 별은 누가 봐도 반짝이는 별로, 태풍이 불어도 반짝일 수 있는 별이 될 수 있습니다.

3단계를 통해 자기이해를 올바르게 성장시켰다면 우리 아이는 자기이해를 바탕으로 주변 환경에 대해 자신이 주체가 되어 선택하고 믿음을 가질 수 있고, 자신이 할 수 있는 일을 판단해 스스로 끊임없이 도전하며 점차 성취 수준을 높여 나아갈 수 있습니다.

이는 사회적 관계에서도 동일하게 적용될 수 있습니다. 자기이해가 부족하면 자신의 감정과 행동에 대한 해석이 올바르게 이루어지기 어렵습니다. 사회적 관계에서도 상대방의 감정과 행동을 올바르게 이해하지 못해 왜곡이나 오해의 확률이 높아 사회생활에서 어려움을 경험할 수 있습니다. 자신을 올바르게 이해하고 수용할 수 있는 만큼 상대방도 올바르게 이해하고 수용할 수 있습니다.

따라서 우리 아이의 사회성을 위해서는 올바른 자기이해를 형성시키는 것이 우선되어야 합니다. 우리 아이가 스스로 나는 무엇을 좋아하고 싫어하는지, 무엇을 잘하고 못하는지, 이런 상황에서는 어떤 생각과 감정을 느끼는지, 왜 이런 선택과 행동을 하는지, 올바르게 자기이해를 할 수 있도록 도와줘야 합니다.

전문가의 한마디!

● 자아는 '나는 왜 이런 선택을 했을까?'라는 질문에 대답할 수 있어야 합니다.

● 자기이해가 부족하면 타인에 대한 이해도 부족하게 됩니다.

자아존중감은 나를
소중히 여기는 마음이다

———

자아존중감은 아이 혼자만의 숙제가 아니라 함께 풀어가야 할 숙제입니다. 주변 환경과 인물과의 상호작용으로 형성되기 때문에 간섭과 허용의 중심잡기를 기억해주세요.

아래 퀴즈의 정답을 맞춰보세요. 5개의 힌트를 드리겠습니다.

1. 미국의 의사이자 철학자인 제임스가 1890년대에 처음 사용
   한 단어이다.
2. '마음의 근육, 마음의 비타민, 마음의 탄력성' 등으로 표현
   된다.
3. 절대 혼자서는 만들어지지 않는다.
4. 동서양의 유명한 위인들은 이것에 대해 다음과 같은 명언을
   남겼다.

"우리는 다른 사람과 같아지기 위해 삶의 3/4을 빼앗기고 있다."(쇼펜하우어).

"가장 용감한 행동은 자신을 위해 생각하고 그것을 외치는 것이다."(샤넬).

"스스로 자신을 존경하면 다른 사람도 그대를 존경할 것이다."(공자).

5. 4장까지 읽은 당신은 이것을 완성할 수 있는 단계별 내용을 한 번쯤은 생각하게 되었다.

이것은 무엇일까요? 이 퀴즈의 정답은 '자아존중감(self-esteem)'입니다. 그렇다면 '자아존중감'이란 무엇일까요? 많은 표현이 있지만 처음 이 단어를 사용한 제임스에 따르면, 자기 자신이 가치 있고 소중하며 유능하고 긍정적인 존재라고 믿는 마음이라고 합니다.

매우 거창하다고 생각될 수 있겠지만, 간단하게 말하면 '나를 사랑하는 마음'이라고 설명할 수 있습니다. 이러한 자아존중감은 남녀노소 누구나 당연하게 갖고 있어야 하지만 살아가면서 많은 요소에 의해 형성되지 못하거나, 형성되어도 더 높게 성장하지 못하게 됩니다.

4장의 시작부터 지금까지 사회성을 위한 자아존중감을 위해서 기본적인 자아가 어떻게 성장(자아발달 과정)되면서 어떤 요소(신체상·감정인식)가 더해져야 올바른 자기이해를 형성하는지에 대해서 이야기했습니다. 그렇다면 이제는 형성된 자기이해를 존중감으로 연결시켜볼까요?

누군가를 높여서
중하게 여김을 받는다

우리 아이가 누구와 비교하지 않고 오로지 자신을 객관적으로 바라볼 수 있는 자기이해가 생겼다면, 그 다음에는 상대방 및 환경에서 나에 대한 신뢰와 존중감이 필요합니다. 퀴즈의 3번 힌트에서 '존중감'이란 혼자서는 형성될 수 없는 것이라고 이야기했습니다.

존중감의 사전적 의미는 '높이어 중하게 여김을 받거나 대하는 것'입니다. 즉 사람에게는 누군가가 나를 높여주고 소중하게 생각해주는 경험이 필요합니다. '이런 것이 소중하다는 것이구나'라는 느낌을 알아야 나를 소중하게 생각하고 느낄 수 있기 때문입니다.

그래서 누군가의 존중이 먼저 필요합니다. 이때 그 누군가가 내가 가장 신뢰하는 믿음 가는 사람이라면 한 번의 경험이라도 인상은 강렬하게 남을 것입니다.

대부분의 아이들에게 그 누군가는 바로 부모입니다. 세상에 태어나 처음 만나는 사람이 부모이기 때문입니다. 그래서 부모에게 존중감을 먼저 받고 느껴야 합니다. 내가 내 아이를 나의 소유물이 아닌 하나의 인격으로 생각할 수 있을 때 존중은 시작될 수 있습니다.

당신도 누군가의 반짝이는 소중한 별입니다. 따라서 나의 아이도 반짝이는 소중한 별입니다. 어딘가에 묶여 있는 것도, 어딘가에 의존하고 있는 것도 아닌 독립적으로 자신의 빛을 낼 수 있는 별입니다.

내가 내 아이를
매우 소중하게 대하는 태도

당신의 아이를 독립적으로 바라볼 수 있는 눈이 생겼다면 어떻게 존중감을 경험시켜줄 수 있을까요? 존중이란 단어 자체에 답이 있다고 생각합니다. 존중이라는 한자를 풀이하면, '높이어(尊) 매우 중요하게 대함(重)'입니다.

여기서 '대함'이란 것은 사람이 다른 사람에게 어떤 태도로 상대하거나 응하는 것입니다. 바로 이것입니다. 내가 내 아이를 매우 중요하고 소중하게 대하는 태도, 이를 통해 내 아이는 존중감을 경험할 수 있는 것입니다.

무언가를 소중하게 생각한다면 눈빛부터 달라지고, 행동도 달라집니다. 엄마가 아이를 먼저 '네가 지니고 있는 가치와 의미가 중요하고 매우 귀하다'라는 소중한 마음으로 대하면 자연스럽게 엄마의 눈빛은 반짝일 것이고, 행동은 부드러워질 것입니다.

이러한 눈빛과 행동으로 자신을 대하는 부모를 거울삼아 아이는 스스로를 존중하게 됩니다. 그 순간부터 우리 아이의 자아존중감은 시작되는 것입니다.

우리 아이의
그대로를 믿어주기

자아존중감은 아이 혼자만의 숙제가 아니라 함께 풀어가야 할 숙제입니다. 이는 주변 환경과 인물과의 상호작용으로 형성되기 때문에 2가지를 기억해주세요. 바로 간섭과 허용의 중심잡기입니다. 너무 지나치거나 너무 부족해서도 안 된다는 의미일 것입니다.

먼저 '간섭'입니다. 우리 아이를 믿어주세요. 아이의 행동과 생각을 바라보는 부모의 눈에는 기본적으로 불안감으로 인한 걱정이 가득할 때가 있습니다. 이러한 눈길은 아이에게도 그대로 전달될 수 있습니다. 그래서 때로는 아이는 괜찮지만 당신의 불안한 눈

길로 인해 아이도 불안해질 수 있다는 것을 기억하기 바랍니다.

불안한 별은 스스로 반짝이는 힘이 점점 사라지게 됩니다. 그래서 누군가의 뒤에 숨거나 의존해서 자신의 빛을 반짝이려고 합니다. 따라서 당신의 소중한 별이 스스로 반짝이길 원한다면 지금 당신의 아이를 어느 정도 있는 그대로를 인정해주고 믿어주고 있는지 생각해봐야 합니다.

아이들은 혼자서도 충분히 할 수 있는 힘이 있습니다. 단지 시기와 방법이 조금씩 다를 뿐이고, 엄마의 100% 완벽한 기준에 못 미칠 뿐입니다.

그러므로 성급하게 다그치는 목소리와 불안한 눈빛으로 대하기보다 조금만 아이를 인정하고 믿어주면서 존중해주는 것은 어떨까요? 이 과정은 길고 긴 인내의 시간이 되겠지만 도전해보기 바랍니다. 그 도전 끝에는 행복한 우리 아이의 반짝임이 있을 것입니다.

짧고 간결하게
부모의 감정을 전달하기

다음은 '허용'입니다. 아이가 실수를 할 때는 간결하고 단순하게 이야기해야 합니다. 당신이 불안감을 떨쳐내며 인내심을 기르는 중이라도 때로는 규칙과 제한을 설명해야 할 순간이 옵니다. 즉 아이에 대한 존중의 태도가 무조건적인 허용은 아니라는 것을 알려야 합니다. 규칙과 제한을 올바르게 가르쳐줘야 합니다. 아이의 실수 앞에서 아이에게 전달할 것은 가르침이지, 엄마의 화난 감정이 아닙니다.

따라서 아이의 실수 앞에서 엄마의 감정 전달은 잠시 멈추고, 아이의 실수에 대해 짧고 간결하게 전달하는 것이 좋습니다. 아이의 실수를 이해시킨다는 목적으로 반복적으로 길게 이야기하다 보면 가르침의 핵심에서 벗어날 확률이 높기 때문입니다.

핵심에서 벗어나면 영리한 우리 아이들은 바로 가르침이 아닌 잔소리로 인식해 모든 정보를 흘려버릴 수 있습니다. 즉 아이의 잘못과 실수에 대한 가르침은 짧고 정확하게, 이해하기 쉽게 전달하는 것이 필수임을 기억해야 합니다.

지금까지 우리 아이의 자아존중감에 대해 이야기했습니다. 앞에서도 잠깐 언급했지만 여기서 한 번쯤은 생각해봐야 할 부분이 있습니다. 당신도 누군가의 소중한 별이고, 내 아이도 당신에게 소중한 별입니다. 여기서 당신이 중요합니다. 내 아이를 존중하려면 당신부터 스스로를 얼마나 소중하게 여기고 존중하고 있는지부터 알아야 합니다.

당신은 자신이 얼마나 아름다운 별인지 알고 있나요? 이 글을 읽고 있는 엄마의 자아존중감에 대한 질문입니다.

○○의 엄마와 아빠로서가 아니라, 누군가의 아내와 남편으로서가 아니라, 오로지 ○○○를 얼마나 스스로 소중하고 가치 있다고 생각하나요? 건강한 아이를 위해서는 건강한 부모가 먼저라는 사실을 기억하기 바랍니다.

만약 당신 스스로 이 질문에 만족할 만큼의 답변을 얻지 못했다면 늦지 않았습니다. 지금부터라도 당신과 아이는 함께 멋진 별을 향해 움직이면 됩니다. 위의 내용을 아이에게 먼저가 아닌 나에게 먼저 연습해보면 됩니다.

전문가의 한마디!

● 자아존중감을 위해 있는 그대로 믿어줘야 합니다.
● 자아존중감을 위해 실수는 단순하고 간결하게 이야기해야 합니다.

자기조절 능력은 학습과 노력으로 얼마든지 갖출 수 있다

자기조절 능력(self-regulation)이란 상황적 요구에 따라서 행동을 시작하거나 멈출 수 있는 능력입니다. 자기조절 능력은 후천적으로 길러질 수 있습니다.

1960년 미국 스탠퍼드대학교에서 월터 미셸(Walter Mischel) 교수가 4세 아이들을 대상으로 유명한 '마시멜로 실험'을 진행했습니다. 책상 위 접시에 마시멜로 한 개를 올려놓은 뒤 아이에게 "언제든지 원할 때 마시멜로를 먹어도 되지만 혹 선생님이 다시 방으로 올 때까지 먹지 않으면 하나를 더 먹을 수 있다"라고 알려준 뒤 아이 혼자 15분 동안 기다리게 했습니다.

선생님이 사라진 뒤 몇몇의 아이들은 마시멜로를 먹었고, 몇몇 아이들은 기다려서 2개의 마시멜로를 먹었습니다. 그 후 15년 뒤 실험에 참여한 아이들을 추적 조사한 결과 15분을 기다린 아이들은 기다리지 않았던 아이들보다 대입 수능 시험 점수와 대인관계 능력 등 다양한 부분에서 우수한 평가를 얻었다고 합니다.

대부분 이 실험의 결과는 여기까지의 내용으로만 전달되어 유명 프로그램 등에서 아이들을 대상으로 동일한 실험을 진행하기도 했습니다. 혹시 당신도 가정에서 아이를 대상으로 실험해보지 않았나요? 이를 바탕으로 아이들의 조절 능력 또는 만족지연 능력은 인생에서 사회적으로 성공할 수 있는 필수요소로 인식되었습니다.

하지만 여기서 궁금증이 생깁니다. 만약 조절 능력 및 만족지연 능력이 선천적인 기질이라면 15분을 기다리지 못한 아이들은 태어나는 순간부터 성공할 수 없는 인생일까요? 태어날 때부터 정해진 운명과 같은 성공인가요? 정답은 아닙니다.

자기조절 능력은 후천적으로 길러질 수 있습니다. 물론 기질적으로 타고난 아이들보다 조금은 느리고 시간이 필요하겠지만 중요한 것은 후천적으로도 길러질 수 있다는 사실입니다. 이는 그 유명한 마시멜로 실험 후 진행된 후속 연구의 결과로 증명될 수 있습니다.

이 연구팀은 아이들에게 동일한 환경을 설정한 후 아이들이 기다리는 동안 조건을 다르게 설정해 후속 실험을 진행했습니다. 예를 들어 아이들이 기다리는 동안 스스로 마시멜로를 보이지 않게 덮개를 가리거나 재미있는 다른 생각을 할 수 있다는 등의 방법을 알려준 것입니다. 그 결과 방법을 알려준 아이들 중에서 15분을 기다린 아이들이 더 많이 나왔다고 합니다. 즉 성공 요소인 만족지연 능력 및 조절 능력은 타고난 통제와 의지도 중요하지만 적절한 환경과 방법에 따라서 학습하고 노력한다면 충분히 만들어질 수 있다는 것입니다.

행동을 시작하거나
멈출 수 있는 능력

이 책을 읽고 있는 당신은 아이에게 당장 마시멜로 실험을 해보는 것보다 그 요소를 길러줄 수 있는 환경을 만들어주는 것이 중요하다는 것을 기억해야 할 것입니다.

그렇다면 사회성과 학업성취에 좋은 자기조절 능력(self-regulation)이란 과연 무엇일까요? 그리고 이를 위한 환경 조성은 어떻게 해줘야 할까요?

먼저 자기조절 능력이란 상황적 요구에 따라서 행동을 시작하거나 멈출 수 있는 능력입니다. 더불어 바람직한 목표에 맞게 활동을 지연하거나 다른 감시 요소 없이도 올바른 행동을 유지할 수 있는 능력이라고 설명할 수 있습니다. 즉 장난감 자동차를 혼자만 타고 싶지만 친구를 위해 양보할 수 있는 힘, 중간고사를 위해 지금 하던 게임을 멈추고 공부할 수 있는 힘, 여름에 수영복을 입기 위해 운동을 하는 힘, 이렇게 시작한 공부와 운동을 타인의 개입 없이 유지할 수 있는 힘도 포함됩니다.

여기서 분리시켜야 할 것이 있습니다. 무조건 참는 것은 조절하는 것이 아닙니다. 이는 조절이 아닌 다른 이유로 생겨날 수 있는 결과일 뿐입니다. 따라서 우리 아이가 잘 참는다고 조절력이 좋은 아이는 아닙니다.

기본적인 규칙이
아이에게 내면화되다

조절의 의미를 알았고 참는 것과 분리를 할 수 있다면, 이제는 우리 아이의 조절 능력 향상을 위한 방법을 생각해봅시다.

먼저 무엇이 올바른 것이고 잘못된 것인지에 대한 이해를 바탕으로 스스로 조절할 수 있는 기회를 주어야 합니다. 이 세상에는 다양한 상황에서 지켜야 할 많은 기본적인 규칙이 존재합니다. 이를 모두 따라다니면서 설명할 수는 없습니다.

하지만 기본적인 규칙이 올바르게 우리 아이에게 내면화되었다면 아이는 이를 비슷한 상황에 적용시킬 수 있습니다. 따라서 우리 아이에게 해서는 안 되는 일과 해야 되는 일, 어울리는 행동과 어울리지 않는 행동 등을 일관성 있게 차근차근 이해시켜줘야 합니다. 이때 무조건 '이것이 올바른 것이니 나를 따르라' 식의 억지스럽고 강압적인 설명이 되어서는 안 됩니다. 시간을 가지고 충분히 상황과 이유를 이해시켜줘야 합니다.

이때 아이가 가질 수 있는 생각에 따른 질문과 감정을 충분히 표현할 수 있는 기회를 줘야 하고, 이를 공감해줘야 합니다. 예를 들어 아이가 화가 날 때 물건을 집어 던지는 경우가 생깁니다. 이는 화가 난 상황에서 자신의 감정 및 행동을 올바르게 조절하지 못한 경우입니다.

먼저 "○○가 ○○ 때문에 화가 많이 났구나. 물건을 던지고 싶은 만큼 화가 났네. 하지만 화가 난다고 해서 무엇인가를 던지는 행동을 해서는 안 돼"라고 아이의 현재 감정 상태를 공감해준 뒤 단호하게 안 되는 행동을 알려주고 아이의 반응을 확인합니다. 그러면서 "화가 났다고 해서 모든 물건을 던지면 어떻게 될까?"라고 잘못된 행동에 대한 결과를 생각하고 스스로 다른 행동으로 변화해야 한다는 인식을 할 수 있는 시간과 기회를 주어야 합니다.

여기서 기억해야 할 것이 있습니다. 결코 단 한 번의 설명으로 당신이 원하는 행동을 얻을 수는 없습니다. 몇 십 번의 기회를 통해 아이 스스로 올바른 조절 행동에 대해서 생각하고 이를 바탕으로 변화된다면 당신의 아이는 스스로 자신의 행동을 올바르게 조절함으로써 매우 큰 자긍심과 성취감을 맛볼 것입니다.

스스로 선택하고 결정하면서
아이는 커간다

다음은 아이 스스로 선택하고 결정해보는 연습이 필요합니다. 우리 아이들은 충분히 자신의 입장에서 생각하고 움직일 수 있습니다. 따라서 일방적인 지시와 지나친 간섭은 조절 능력 형성에 아무런 득이 되지 않습니다. 이것은 아주 사소한 생활 속에서 시작할 수 있습니다.

생활 속에서 "오늘은 날씨가 더우니까 어떤 옷을 입는 것이 좋을까? 비가 오는 날이면 밖에 나가 놀 수 없으니 집안에서 무엇을 할 수 있을까? 오늘 친구들이 집에 오는데 무엇을 할 수 있을까? 오늘 외식을 하려는데 무엇이 먹고 싶니?" 등 아이에게 "어떻게 하면 좋을까?"라는 질문을 통해 아이가 처한 상황에서 생각하고 자신의 생각에 따라 결정해보는 기회를 주는 것입니다.

물론 아이 혼자서 결정하기 어려운 상황도 있습니다. 이때는 부모가 여러 가지를 제안해줌으로써 어떤 기준으로 어떻게 결정을 내릴지에 대한 방법을 배울 기회로 연결시켜주면 됩니다. 이렇게 스스로 선택하고 결정하는 과정을 통해서 우리 아이들은 자신의 결정에 대한 책임감이 형성되고, 행동의 동기화를 경험하게 됩니다.

결과보다는 과정을 보고
아이를 칭찬하자

마지막으로 결과보다는 과정입니다. 아이들은 완벽한 존재가 아닙니다. 따라서 아이들의 행동의 결과도 완벽할 수 없습니다. 찰흙으로 찐빵 같은 아빠 얼굴을 만들어와도 결과보다는 과정을 보고 칭찬해야 합니다.

매번 무조건 칭찬만 하면 아이들도 그 진정성을 알아차립니다. 따라서 우리 아이가 어떤 행동을 어떻게 잘했는지, 우리 아이가 어떤 노력을 했는지에 대한 과정을 직접적으로 칭찬해주는 것이 좋습니다.

꼭 아이들만 아니어도 어른들도 노력을 인정하고 알아줄 때 기쁘고 뿌듯하지 않나요? 따라서 우리 아이가 올바른 목표 행동을 하기 위해 스스로 다른 갈등 요소를 조절했다는 사실을 기억하고 평가해줘야 합니다. 그럴 때 어느 순간 당신의 아이는 자긍심과 성취감을 느끼면서 조절 능력을 향상시켜 나갈 수 있을 것입니다.

▌전문가의 한마디!▐━━━━━━━━━━━━━━━━━━━━━━━━━

● 일방적인 지시와 지나친 간섭은 조절 능력 형성을 위해서는 피해야 합니다.

● 아이 스스로 조절한 과정을 칭찬해주세요.

멈출 수 있는 것도
아이의 최고 능력 중 하나다

자기조절 능력이란 시간·장소·상황에 어울리는 옷차림과 메이크업이 존재하듯 시간, 장소, 상황에 어울리는 사고·감정·행동을 할 수 있는 나의 힘이라고 할 수 있습니다.

목요일 오후 5시. 내일은 00초등학교에서 2학년 '국어 골든벨'이 있는 날이다. 현수는 내일 골든벨을 앞두고 책상에 앉아서 저녁식사 전까지 예상 문제를 외우려고 한다. 하지만 시간이 지날수록 현수의 머릿속에는 2가지 상황이 떠오른다.

하나는 오늘 저녁까지 내용을 열심히 외워서 골든벨에서 15문제 이상 맞춰 부모님이 약속해주신 게임기를 사러 가는 행복한 순간이다. 또 다른 상황은 지금 이 순간 내용을 외우는데 잘 외워지지 않아서 답답하고 짜증이 나기 시작하니 '그냥 하지 말까?'라는 생각으로 갈등하는 상황이다. 과연 현수는 어떤 행동을 선택하게 될까?

과연 이러한 갈등은 우리 아이들만의 과업일까요? 아닙니다. 나와의 갈등 혹은 환경과의 갈등은 태어나서 죽을 때까지 지속되는 하나의 과업입니다. 권력이나 명예를 가진 사람들이 인지·감정·행동 등을 상황 속 갈등에서 조절하지 못해 사회적으로 문제를 일으킨 많은 사건들을 보면서 자기조절 능력은 평생 과업이라는 생각을 하게 됩니다.

많은 사회적 사건의 중심이 되고 있는 자기조절 능력(self-regulation)은 과연 무엇일까요? 자기조절 능력이란 과연 무조건적인 인내일까요?

자기조절 능력이란 어떤 목표를 이루기 위해 순간적이고 충동적인 욕구나 행동을 스스로 억제할 수 있는 능력입니다. 즉 상황에 따라서 알맞은 정서를 표현하는 것과 사회적으로 부적절한 행동을 조절하는 능력이라고 할 수 있습니다.

자기조절 능력이란 시간·장소·상황에 어울리는 옷차림과 메이크업이 존재하듯 시간·장소·상황에 어울리는 사고·감정·행동을 할 수 있는 나의 힘이라고 할 수 있습니다. 이러한 나의 힘은 하루아침에 완성되지 않습니다. 이 힘을 갖추려면 많은 훈련 과정이 필요합니다.

올바른 기본생활 습관은
어떻게 갖춰지나?

보통 3~5세는 자기중심적인 의지를 가지고 행동하려는 시기입니다. 따라서 이 시기는 스스로 상황 속에서 조절할 수 있는 힘을 기를 수 있는 시작점이라고 할 수 있습니다. 그렇다면 우리 아이가 시간·장소·상황에 따라 적절한 표현과 행동을 할 수 있도록 하기 위해서는 어떤 연습 과정이 필요할까요?

먼저 최적의 훈련 장소는 우리 집입니다. 아이들이 새로운 무언가를 가장 안전하게 배울 수 있는 공간은 바로 가정입니다. 훈련은 말 그대로 무언가를 얻기 위한 반복적인 활동입니다. 유명 기관에서 유명한 선생님으로부터 짧은 시간에 배우는 것보다는 가장 안전한 공간이라 할 수 있는 가정에서 부모님으로부터 일상생활 속에서 반복해 얻는 것이 더 아이들 마음속에 잘 저장될 수 있습니다.

그렇다면 우리 가정에서 무엇을 훈련시켜야 할까요? 바로 기본생활 습관입니다. 기본생활 습관이란 아이가 사회문화적 행동양식을 올바르게 익히는 첫 시작입니다. 따라서 가정에서 아무리 사소한 것이라도 차근차근 기본생활 습관을 올바르게 형성할 수 있도록 도와줘야 합니다.

기본생활 습관으로는 예절, 질서, 절제(기다림), 청결을 들 수 있습니다. 아이들은 가능성 0%로 시작하기 때문에 처음에는 도움이 필수이지만, 점차 도움을 줄이고 스스로 할 수 있도록 환경을 만들어줘야 합니다. 내 눈에 예쁜 별이라고 해서 무조건적인 허용과 도움은 결코 별을 반짝이게 만들어주지 못합니다.

아이가 기본생활 습관을 형성해야 하는 이유에 대해 충분히 생각할 수 있도록 차근차근 시간을 가지고 분명하게 설명을 해주면서 스스로 멋지게 생활양식을 배울 수 있도록 도와야 합니다. 생활 속에서 배운 조절 능력을 바탕으로 아이는 자연스럽게 어떠한 문제도 해결할 수 있는 자신감이 향상될 수 있습니다.

참고 견디는 것은
자기조절 능력이 아니다

두 번째, 참으면 조절할 수 없습니다. 자기조절 능력 중 가장 어려운 부분은 감정 조절일 것입니다. 특히 우리나라는 대부분 부정적인 감정은 누르고 참는 것이 미덕이란 유교적인 분위기가 존재합니다. 즉 해결이 아닌 참고 견디는 것입니다. 그러나 견디고 견디면 언젠가는 무너지게 되어 있습니다.

인간은 태어날 때부터 긍정과 부정의 감정 모두를 느낄 수 있는 존재입니다. 따라서 질투, 분노, 짜증, 불안, 두려움, 미움, 질투,

슬픔 등의 부정적인 정서는 자연스러운 것입니다. 그래서 아이에게는 '부정적인 감정을 느끼는 것이 잘못은 아니다. 다만 올바르지 않은 방법으로 표현하는 것은 잘못이다'라는 사실을 전달해야 합니다.

따라서 아이에게 자신의 감정을 존중하고 올바르게 표현할 수 있도록 알려줘야 합니다. 그리고 부모가 먼저 자신의 감정을 올바르게 표현하는 모습을 보여줘야 합니다. 갈등 상황에서 먼저 큰 소리를 치거나 욱한 감정으로 손이 올라가는 경우, 순간적으로 물건을 던지는 등의 모습은 지금부터라도 바꾸어야 합니다.

다양한 표정과 언어·말로 상황 속에서 긍정·부정의 감정을 표현하는 모습을 보여주면서 아이가 스스로 상황에 따라서 어떻게 느끼고 표현해야 하는지 같이 생각하고 표현하는 연습이 꼭 필요합니다.

아이의 자기조절 능력을 향상시키기 위해 다음의 3가지를 차근차근 시도해보길 권합니다.

첫째, 아이가 자신의 감정을 올바르게 알 수 있도록 마음 읽어주기입니다. 둘째, 적절한 단어로 감정을 표현할 수 있도록 도와주고 그 표현을 수용해주기입니다. 셋째, 지금의 감정을 다른 상황으로도 연결시켜 확장시킬 수 있도록 도와주기입니다.

이 3가지를 한번에 모두 시도하고 완성할 수는 없습니다. 당신이 보기에 옆집 아이는 한번에 완성된 것 같지만 아닙니다. 옆집 엄마도 한번에 완성이 되지 않아서 밤마다 고민하고 있습니다.

우리 아이의 성장은 아직 끝나지 않았습니다. 그리고 그 성장은 당신도 진행중입니다. 그래서 그 누구에게나 완벽이나 완성이란 없습니다.

따라서 아이와 함께 하나씩 배우면서 더불어 성장해보기 바랍니다. 아이에게 가르쳐주기 전에 부모가 먼저 배우고 실천하면 되는 것입니다. 그럴 때 나도, 내 아이도 함께 올바르게 멋진 별로 성장할 수 있습니다.

전문가의 한마디!

● 시간·장소·상황에 어울리는 사고·감정·행동을 할 수 있는 나의 힘이 바로 자기조절 능력입니다.
● 기본생활 습관이 자기조절 능력의 기초이자 필수입니다.

자아발달과 사회성

나는 누구? (꼴라주)

'내가 누구인지?'를 표현함으로써 자신을 표현하기

- 활동 목표: 자신을 인식하고 자신을 표현할 수 있는 능력이 발달된다.
- 준비물: 4절지 용지, 가위, 풀, 다양한 잡지
- 활동 방법: ① 4절지 용지에 잡지에서 자신을 가장 잘 표현할 수 있는 사진 (현재의 나, 미래의 나, 생각, 마음 등) 또는 그림을 찾아 가위 로 잘라 붙인다.
  ② 한 명씩 돌아가면서 왜 자신을 이렇게 표현했는지에 대해 이 야기를 나눈다.

감정 빙고 게임
서로의 감정을 표현하고 인식하고 공감하기

• 활동 목표: 자신의 감정을 언어로 표현할 수 있고 다른 사람의 감정을 이해
　　　　　할 수 있다.
• 준비물: 감정 그림 카드, 부직포 감정 빙고판
• 활동 방법: ① 주어진 감정 그림 카드들을 각자의 부직포 감정 빙고판에 모
　　　　　　　두 붙인다.
　　　　　　② 가위바위보로 차례를 정한다.
　　　　　　③ 차례가 된 사람은 자신이 떼고 싶은 감정과 관련한 경험을
　　　　　　　이야기한다.
　　　　　　④ 다른 사람이 감정 단어를 맞추면 경험을 이야기한 사람과 맞
　　　　　　　춘 사람만 해당 감정 카드를 뗄 수 있다.
　　　　　　⑤ 무슨 감정인지 아무도 맞추지 못하면 바로 다음 차례의 사람
　　　　　　　으로 넘어간다.
　　　　　　⑥ 수준과 상황에 따라 1–빙고, 2–빙고, 3–빙고, 4–빙고, 5–빙
　　　　　　　고가 된 사람이 승리한 것이 된다.

도덕은 우리 인간이 자연환경과 집단에 적응하기 위해서 생긴 삶의 방식에서 시작된다고 합니다. 즉 인간이 사회적 환경에서 지켜야 하는 바람직한 행동기준이라고 할 수 있습니다. 그렇다면 우리 아이들에게 행동기준인 도덕만 가르치면, 또래와 사회가 원하는 사람이 될 수 있을까요?

5장

·

도덕성과 사회성도
단계별 성장이 필요하다

도덕성은 기준을 지킬 수 있는
마음의 힘이다

―

올바른 것을 선택하고 실천할 수 있는 힘이 바로 도덕성입니다. 당당하게 '나 혼자'를 '같이'로 바꾸어서 답을 적을 수 있는 힘. 이것이 사회성 향상을 위해 필요한 도덕성입니다.

최근 한 인터넷 게시판에서 우연히 초등학교 저학년 수준으로 보이는 국어 시험지를 찍은 사진 한 장을 보았습니다. 문제는 다음과 같습니다.

다음 글에서 틀린 낱말을 바르게 고쳐 쓰시오.
보기 문장) '헤헤 맜있겠다. 나 혼자 먹어야지.'

이 문제의 정답은 '맜있겠다 → 맛있겠다'로 수정하는 것입니다. 하지만 사진 속 시험지의 주인공은 놀랍게도 '나 혼자'를 '같이'로 수정 표시했습니다.

국어선생님이 이 답안을 보았다면 틀린 맞춤법을 수정하지 못했기 때문에 오답 처리를 해야 합니다. 하지만 도덕선생님의 기준으로 본다면 이 답안은 정답이 되었을 것입니다. 더 중요한 것은 이 글을 본 사람들의 피드백입니다. 모두가 이 아이의 답안에 감동을 받았고, 이 답안이 정답이 되는 세상을 꿈꾼다고 했습니다.

우리는 나에게 좋은 일이나 물건이 생겼을 때 여러 사람들과 나누는 것이 올바른 행동이라고 알고 있습니다. 이것은 더불어 사는 사회에서 필요한 일반적인 도덕적 이치로 어릴 적 부모의 가르침을 시작으로, 학교에서도 도덕시간에 배우기 때문입니다.

인간의 도덕성은
본능일까?

그렇다면 도덕이란 것은 과연 누군가에게서 배움으로써 형성되는 것일까요? 아니면 타고나는 것일까요? 당신은 이 질문에 어떻게 대답할 수 있나요?

미국 예일대학교 아동인지센터에서 인간의 도덕성에 관한 실험을 진행했습니다. 실험의 제목은 'Can Babies Tell Right from Wrong?'입니다. 이 실험은 3~6개월이 된 아이들을 대상으로 이뤄졌습니다. 이 아이들에게 짧고 단순한 인형극을 보여줍니다. 인형극에서는 3명의 인형이 등장합니다. 한 캐릭터가 언덕을 오르려고 합니다. 혼자서는 언덕을 오를 수 없습니다.

이때 A라는 캐릭터가 등장해 언덕을 혼자 오르고 있는 캐릭터를 도와주어서 같이 언덕 위로 올라갑니다. 이 장면을 집중력이 낮은 아이들을 위해 반복적으로 보여줍니다. 그리고 다시 동일한 캐릭터가 언덕을 오르려고 합니다. 역시 혼자서는 언덕을 오를 수 없습니다.

이때 B라는 캐릭터가 등장해 언덕을 오르고 있는 캐릭터를 방해해 오르지 못하게 합니다. 이 내용을 또다시 아이들의 주의력 한계를 고려해 반복적으로 보여줍니다. 서로 다른 내용의 인형극을 마치고 해당 캐릭터 인형을 가지고 나와 아이들에게 보여주면서 마음에 드는 인형을 선택하도록 했습니다. 이때 80% 이상의 아이들이 착한 A캐릭터를 선택했습니다.

태어난 지 3~6개월 된 아이들은 인생에서 그 어느 순간보다 본능적인 선택을 할 수 있는 시기입니다. 이 시기의 아이들이 선과 악에 대해 구분한 뒤 이와 같은 선택을 했을까요? 아닐 것입니다. 이 실험은 인간이 교육을 통해 배우지 않아도 올바르고 착한 도덕적 기준을 좋아할 수 있다는 것을 알려줍니다.

이렇듯 선함을 좋아하는 것이 도덕성의 기본 바탕 아닐까요? 그리고 누구나 선함을 좋아하기 때문에 또래관계에서도, 사회생활에서도 도덕성이 좋은 사람이 인기를 얻는 것 아닐까요?

최근에는 더욱 그렇습니다. 현재 사회적으로 성공했지만 결국 도덕성이란 잣대 때문에 하루아침에 성공의 자리에서 나락으로 떨어지는 모습을 쉽게 볼 수 있습니다.

언제부터인가 유명 일류기업에서도 예전에는 '한 명의 천재가 1만 명을 먹여 살린다'라는 생각으로 인재를 찾았다면, 이제는 '천재 혼자가 아닌 함께 도와가며 프로젝트를 성공적으로 이끌어낼 수 있는 인성 좋은 인재'를 뽑기 위해 다양한 면접 질문을 준비한다고 합니다.

점차 세상도 인간의 타고난 선함에 초점을 맞추고 있습니다. 그렇다면 이러한 흐름에 맞추어 우리 아이들이 선함을 올바르게 유지하고 사회성을 더 긍정적인 방향으로 발달시킬 방법에 대해 알아봐야 하지 않을까요?

더불어 살기 위한 기준이
바로 도덕이다

그렇다면 흐름의 중심에 서 있는 도덕이란 무엇일까요? 당신이 떠올리는 도덕이란 무엇인가요?

도덕은 우리 인간이 자연환경과 집단에 적응하며 살아가기 위해 생겨난 삶의 방식에서 시작되었다고 합니다. 즉 인간이 혼자가 아닌 집단 속에서 경험한 생활양식이나 관습을 정리하고, 더불어 함께 살기 위해서 질서와 규범을 정하고, 그것을 엄격하게 지켜나가면서 시작된 것이라고 할 수 있습니다.

라틴어 'mores'에서 온 '도덕'이란 말은 집단생활에서 우리의 태도와 행동을 규제하는 행동준칙이라는 뜻을 가지고 있습니다. 즉 도덕이란 인간이 지켜야 하는 바람직한 행동기준을 의미합니다.

그렇다면 우리 아이들에게 도덕만 가르치면 될까요? 행동기준인 도덕만을 가르친다면 또래와 사회가 원하는 사람이 될 수 있을까요? 답은 '아니오'입니다. 도덕은 하나의 지켜야 할 기준일 뿐입니다.

기준을 지킬 수 있는
마음의 힘

우리의 모습을 생각해볼까요? 도덕에 대한 개념은 있지만 과연 어느 정도 지키면서 살고 있나요? 우리 아이들도 마찬가지입니다. 도덕시간에 배우는 기준뿐만 아니라 이를 지키면서 살 수 있는 마음의 힘을 가르쳐주고 길러줘야 합니다.

도덕적으로 많이 안다고 해서 또래와 사회가 원하는 사람이 되는 것은 아닙니다. 도덕적 지식을 바탕으로 선택하고 실천할 수 있는 힘, 즉 도덕성 역시 길러줘야 합니다.

도덕성이란 단순히 행동기준이나 규칙을 넘어서 상황 및 관계 속에서 감정, 행동, 생각 등을 사회적 가치 기준에 알맞게 맞춰서 행동할 수 있는 힘입니다. 따라서 도덕성에는 도덕적 개념과 판단, 도덕적 감정과 태도, 도덕적 실천력이 포함됩니다.

그렇다면 앞으로 이러한 도덕성이 어떻게 발달되고 형성될 수 있을까요? 그 과정에서 어떤 도움을 줘야 할까요? 함께 생각해봅시다.

전문가의 한마디!

- 도덕은 인간이 지켜야 하는 바람직한 행동기준입니다. 인간은 올바른 도덕적 기준을 좋아합니다.
- 도덕성은 상황 및 관계 속에서 감정, 행동, 생각 등을 사회적 가치 기준에 알맞게 맞춰서 행동할 수 있는 힘입니다.

혼을 낸다고 해서
아이가 성장하는 것이 아니다

도덕적으로 잘못된 행동을 한다고 해서 무조건 그런 행동을 어른의 잣대로 바라보고 훈육해야 하는 것은 아닙니다. 때로는 훈육이 아닌 기다림이 필요할 수도 있습니다.

최근 도진이의 엄마는 심각한 고민에 빠졌다. 5세 도진이가 아빠 지갑에서 돈을 꺼내와서 엄마에게 준다. 또 어린이집이나 친구들 집에 가서 물건을 가져와 엄마에게 준다. 가져오는 물건을 보면 값비싼 물건은 아니다. 작은 구슬, 피규어 등 정말 엄마에게는 필요 없는 물건을 가져와서 자꾸 엄마에게 주는 것이다.

큰아이를 키울 때는 없던 행동이기에 더욱 놀랐다. 그래서 도진이에게 "남의 물건을 가져오는 것은 도둑질"이라고 설명하면서 혼을 냈다. 하지만 혼이 난 이후에도 물건을 가져오는 도진이의 행동이 사라지지 않아서 너무 걱정이다. '어떻게 남의 물건을 가져올 수 있을까? 잘못된 행동인 것을 모르는 것일까? 알면서도 가져오는 것일까? 왜 이런 행동을 하는 것일까?' 너무 고민이 된다.

우리 아이의 도덕 발달 부분에서 가장 많은 질문을 하는 대표적인 상황입니다. 남의 물건을 가져오는 아이가 도둑이 될까봐 부모는 무조건 혼을 내지만, 우선은 아이의 도덕성 발달 과업과 연결시켜 생각해봐야 합니다.

도덕성도 반드시
단계별 성장이 필요하다

0~5세까지의 아이들에게 도덕성과 규칙성을 원해서 이 글을 읽고 있다면 깔끔하게 포기하라고 권하고 싶습니다. 0~5세까지의 아이들에게 규칙이란 없습니다. 관심조차 없는 경우가 많습니다. 이들은 오로지 자기중심적으로 세상을 탐색하고 행동하기에도 바쁜 하루를 보내고 있습니다.

도덕을 배우기에는 세상에 궁금한 것도 많고, 해보고 싶은 것이 너무 많은 나이입니다. 세상의 법도 이들이 도덕적으로 행동하지 않는다고 해서 처벌하거나 하진 않습니다. 이들에게 도덕적 기준이라는 것이 있다면, 자신의 기본적인 욕구를 충족시켜주면 좋고 옳은 것이고, 욕구를 충족시켜주지 않으면 틀린 것이며 온몸으로 저항해야 하는 나쁜 것이 됩니다. 이 시기에는 건강하게 탐색하고 행동하는 것만으로도 감사해야 합니다.

이 사례의 도진이도 이 시기입니다. 아직 아이는 도둑이나 경찰이 무섭지 않습니다. 아이 마음속에는 좋아 보이는 것을 엄마에게 전달해주고 싶은 마음만 있습니다.

아이에게 도둑질에 대해 무서운 얼굴로 혼을 내도 이이는 도둑이 되어서 경찰에게 잡혀가는 것이 하나도 무섭지 않습니다. 아이가 도덕성이 없을까봐 걱정하기에는 조금 이른 시기입니다.

도진이의 행동에 칭찬과 훈육이 아니라 그 행동을 하는 아이의 마음과 행동을 읽어주고, 도덕을 배울 수 있는 나이까지 차근차근 도덕적 기준을 쉽게 설명하며 기다려주세요. 언젠가는 도진이도 경찰이 무서워질 것입니다.

부모의 모든 도덕적인 행동을
지켜보는 아이의 눈

5~10세에는 도덕과 전혀 상관없는 아이들이 변하기 시작합니다. 드디어 아이들이 자신을 벗어나 주변을 관찰하고 상대방의 행동에 관심을 보이기 시작합니다. 그리고 주변 사람들에게, 특히 부모와 선생님들에게 칭찬을 받기 위해 행동하고, 혼나기 싫어서 도덕적인 행동을 하게 됩니다. 이제는 절대 복종입니다.

이때부터 망태 할아버지와 경찰아저씨와 같은 절대적인 강력한 존재가 어디서든 쉼 없이 등장하기 시작합니다. 이때 아이들은 도덕이란 절대적으로 변화할 수 없는 것이고, 이것을 지키지 않으면 무조건 처벌을 받는다고 생각합니다.

또한 과정은 중요하지 않습니다. 오로지 결과만으로 판단해 처벌을 받는다고 생각합니다. 따라서 도덕과 규칙은 무조건 복종해야 하는 절대적인 것으로 생각하고 행동할 수 있습니다.

예를 들어 엄마를 도와주기 위해 그릇을 들고 가다가 넘어져서 그릇에 담긴 음식물이 바닥으로 쏟아졌습니다. 아이는 엄마를 도와주기 위한 자신의 예쁜 마음과 행동 과정은 생각하지 않고, 자신이 부모가 항상 말한 것처럼 무언가를 쏟지 말아야 한다는 규칙을 결과적으로 지키지 못해 혼날 것이라고 생각합니다. 그래서 아무도 혼을 내지 않았는데 울음을 먼저 터트리기도 합니다.

또한 이 시기에는 주변과 행동에 따른 결과를 관찰해 무엇이든 모델링으로 학습할 수 있습니다. 즉 자신에게 절대적인 부모의 모든 도덕적인 행동을 지켜보고 그것을 도덕적 기준으로 세울 수 있는 시기입니다. 이때 꼭 지켜야 하는 도덕과 규칙사항은 아이 앞에서 꼭 지키기 바랍니다.

어른에게 존댓말을 하는 예의를 지키는 아이를 원한다면, 부모부터 어른에게 존댓말을 함으로써 도덕적 예의를 보여줘야 합니다. 부모는 자신의 행동 뒤에 초롱초롱한 눈빛이 존재한다는 것을 항상 인지해야 합니다.

아이의 도덕성은
그때그때 달라진다

마지막으로 아이의 도덕성은 그때그때 달라질 수 있습니다. 아이가 10세 이상이 되면 이제는 망태할아버지도, 경찰관아저씨도 무섭지 않습니다. 절대적인 도덕과 규칙이 존재하고 이를 지켜야 한다는 것을 알고 있습니다. 사회문화적 혹은 상황에 따른 상대적인 필요관계 역시 이해하게 됩니다.

즉 운전할 때는 운전규칙을 꼭 지켜야 하지만 상황에 따라서 위급한 생명을 지켜야 하는 응급차의 경우 운전규칙을 위반할 수도 있다는 상대적인 필요관계를 이해하게 됩니다. 따라서 이때부터 아이들은 자신의 잘못된 행동에 대해 무엇이든 상대적인 필요관계를 연결해 변호하기 시작합니다.

그리고 잘못된 행동의 종류와 결과에 따른 처벌 역시 그 종류와 정도에 따라 다르게 적용된다는 것을 이해하기 시작합니다. 더불어 무조건적인 결과보다는 과정과 행동의 동기, 감정에 대해 생각하고 판단할 수 있습니다.

전에는 절대복종 단계에서는 『장발장』을 읽으면 장발장의 상황과 상관없이 무조건 빵을 훔친 행동은 벌을 받아야 한다고 이야기했다면, 이제는 빵을 훔칠 때의 장발장의 배고픔과 환경을 이해하게 됩니다. 단지 배가 고파 빵을 훔쳤다는 이유로 19년 동안이나 감옥살이를 한다는 것은 잘못된 판결임을 이해할 수 있게 되는 것입니다.

이 단계의 아이들은 도덕에 대한 개념이 절대적이지 않고 자율성을 가지고 있기 때문에 도덕성, 즉 도덕을 지킬 수 있는 마음의 힘을 기르기 위해 감정이입, 양심, 자기조절, 존중심, 친절성, 관용성, 공정성에 대한 설명과 경험이 꼭 필요합니다. 도덕은 자유로운 나비에 비유할 수 있습니다. 아이의 선택으로 언제든지 쉽게 날아가버릴 수 있기 때문입니다.

지금까지 아이들의 연령별 도덕 발달 단계를 알아보았습니다. 아이들의 연령에 따라 도덕적인 기준을 가르치고 잘못된 행동에 대한 처벌을 조절해야 할 필요성이 있다는 것을 이해해야 합니다.

도덕적으로 잘못된 행동을 한다고 무조건 어른의 잣대로 훈육을 해서는 안 됩니다. 잘못된 행동을 수정하기 위해 때로는 훈육이 아닌 기다림이 필요할 수 있습니다.

전문가의 한마디!

- 0~5세 아이의 행동 속 마음을 읽어주고 도덕적 기준을 차근차근 알려주세요. 5~10세 아이에게는 부모가 좋은 모범이 되어야 합니다.
- 10세 이후의 아이가 도덕을 바탕으로 도덕성을 기를 수 있도록 도와주세요.

엄마! 나는 이런 이유로
거짓말을 해요

우리 아이의 거짓말을 줄이고 싶다면, 먼저 아이에게 자신의 감정과 생각을 부모에게 솔직하게 말할 수 있는 환경을 만들어줘야 합니다.

냉장고 앞에서 엄마는 웃음을 참으면서 네 살 승규와 마주보고 서 있다. 네 살 승규의 얼굴에는 생크림이 묻어 있다. 어제 저녁 사다놓은 생크림 케이크를 놀이터를 다녀온 뒤 손을 씻고 먹기로 했는데, 엄마가 옷을 갈아입으러 간 사이 손을 씻지도 않고 생크림 케이크를 꺼내 먹은 것이다. 엄마는 "한승규, 손 안 씻고 케이크 먹었어?"라고 묻는다.

승규는 생크림이 얼굴에 묻어 있는데도 안 먹었다고 거짓말을 한다. 엄마는 너무나 뻔히 보이는 거짓말이지만 생크림을 묻힌 채 진지한 표정으로 거짓말을 하는 아이의 모습이 너무 귀엽기만 하다. 그래서 혼을 내야 함에도 불구하고 아이의 얼굴이 귀여워 웃어버렸다. 이렇게 생크림 거짓말 사건은 웃음으로 넘어갔다.

우리 아이들은 왜 눈에 뻔히 보이는 거짓말을 하게 될까요? 거짓말을 하면 안 된다는 사실을 모르는 걸까요? 아니면 뭐가 뭔지 모르는 걸까요?

아주 어릴 때는 생크림 사건처럼 눈에 보이는 거짓말을 하는 것이 귀엽습니다. 하지만 점점 커가면서 거짓말이 보다 구체적으로 되는 것 같기도 하고 습관이 될까봐 살짝 고민이 됩니다.

아이들의 거짓말은 무엇일까요? 내 아이의 사회성을 키우기 위해 아이의 거짓말에 대해 한 번쯤은 생각하게 됩니다. 아이의 거짓말은 어른이 하는 거짓말과는 다른 걸까요? 아이를 키우면서 자연스럽게 생각해보게 됩니다.

거짓말의 사전적인 의미는 '사실이 아님을 알고 있지만 상대방에게 이것을 믿게 하려고 사실처럼 꾸민 말'입니다. 즉 우리 아이도 사실이 아님을 알고 있지만 어떠한 목적을 가지고 부모나 친구들이 이것을 믿기 바라면서 꾸미는 것입니다.

거짓말은 자신을 보호하기 위해서 혹은 친사회적으로 상대방을 보호하기 위한 목적으로 시작됩니다. 이러한 목적만으로 본다면, 당신이 하는 거짓말과 아이가 하는 거짓말은 같은 의미입니다. 단지 거짓말을 하는 연령별 방식과 기술이 조금씩 다를 뿐입니다.

우리 아이 거짓말의
단계별 방식과 기술

지금부터 우리 아이 거짓말의 성장(?) 과정에 대해서 이야기를 나눠보겠습니다. 먼저 많은 연구 결과를 보면 4~5세가 되면 거짓말을 할 수 있다고 합니다.

'초기 거짓말'은 앞에서 이야기한 생크림 사건이 적절한 예입니다. 생크림이 얼굴에 묻어 있음에도 불구하고 절대 먹지 않았다고 이야기할 수 있는 시기입니다. 소변으로 바지가 젖었지만 절대 소변을 싸지 않았다고 이야기합니다. 누가 봐도 사실을 알 수 있지만 아이들은 상황과 상대방은 보이지 않습니다. 오로지 자기 존재만 보이고, 자기만 중요합니다.

따라서 거짓말의 목적은 오직 자기 보호입니다. 그러므로 이 시기 아이의 거짓말에 대해 과대한 해석은 말아주세요.

다음 '두 번째 거짓말'은 초기 거짓말과는 다른 방식을 보이게 됩니다. 5~6세가 되면 점차 도덕적 개념과 사회적 인지 발달이 형성되면서 상황 속 의도를 이해할 수 있게 됩니다.

아이는 숨기고 싶은 사실에 대해서 어른들이 질문하면 대답을 하지 않거나, 도망가거나, 쉽게 거짓말을 하게 됩니다. 이때 아이들의 거짓말 횟수가 폭발적으로 증가합니다.

하지만 횟수만 증가할 뿐 아직 아이입니다. 일관성 있게 거짓말을 이어가지 못해 쉽게 들통이 납니다. 화장실에 들어갈 때와 나올 때의 답변이 다른 아이들의 행동을 보면 이해할 수 있습니다. 이 시기부터 거짓말에 대한 교육이 시작되면 좋습니다.

아이는 도대체
왜 거짓말을 할까?

아이가 거짓말을 하는 이유는 무엇일까요? 초기와 두 번째 거짓말은 절대 복종적 도덕 개념에서 비롯되는 행동입니다. 즉 약속이나 규칙을 지키지 못하면 벌을 받을 수 있다는 믿음이 굳건하기 때문에 잘못한 상황에서 단순히 혼이 나지 않으려고 혹은 나쁜 아이가 아닌 착한 아이로 보이고 싶은 마음에서 시작된 거짓말입니다.

따라서 이 시기의 아이들이 하는 거짓말에 대해 어른의 도덕적 기준으로 무턱대고 혼을 내거나 거짓말의 뿌리를 뽑기 위해 강하게 체벌을 할 경우 아이는 스스로 나쁜 아이라는 생각에 위축될 수 있습니다. 또한 강한 체벌을 피하기 위해 거짓말의 강도가 심해질 수 있습니다.

만약 아이가 거짓말을 했다면 먼저 거짓말을 하는 이유와 상황을 충분히 들어주세요. 그리고 그렇게 행동한 아이의 마음을 공감해줍니다. 그 다음에야 아이에게 잘못된 점을 차근차근 알려주세요. 그리고 거짓말을 하지 않을 수 있는 올바른 행동 방법에 대해 설명해주세요.

거짓말과 도덕성이
연결되는 시기가 온다

빠르면 취학 전후부터 성인까지가 '마지막 거짓말'의 시기입니다. 이제부터 아이들은 자신의 무언가를 숨기기 위해 정교하고 일관성 있게 거짓말을 하게 됩니다.

이 시기부터는 자율적인 도덕 개념을 가지고 있기 때문에 자신의 행동을 숨길 수 있다면 상대적인 규칙 및 관계 등을 끌어와서 변호할 수 있습니다. 즉 거짓말의 수준이 높아집니다.

이 시기부터 거짓말과 도덕성이 연결됩니다. 따라서 이전에 사회적 관계에서 가장 필수적인 신뢰감 및 죄책감 등 거짓말을 하면 안 되는 이유에 대해 이해시켜줘야 합니다.

그리고 거짓말이 습관적인 행동으로 연결되지 않도록 두 번째 거짓말 단계처럼, 아이의 잘못뿐만 아니라 그런 상황에서 어떻게 행동해야 하는지 대처 방법도 함께 알려줘야 합니다.

비교적 이른 시기에 거짓말을 시작하면 거짓말도 빠르게 성장한다는 것을 알 수 있습니다. 나쁜 것은 항상 누가 가르쳐주지 않아도 잘도 알고 발달하죠.

아이가 성장할수록 거짓말의 기술도 성장합니다. 따라서 점차 아이가 자신의 마음과 생각에 대해 거짓말을 해도 부모는 알 수 없게 됩니다. 차라리 행동으로 눈에 보이게 거짓말을 하는 것이 부모로서는 속이 편할 수 있습니다.

우리 아이의 거짓말을 줄이고 싶다면 아이가 먼저 자신의 감정과 생각을 부모에게 솔직하게 말할 수 있는 환경을 만들어줘야 합니다. 거짓말을 하는 아이를 훈육하기 전에 왜 나에게 거짓말을 했을까를 먼저 생각해보는 것은 어떨까요? 만약 어쩔 수 없이 거짓말을 했다면 아이의 양심 기능이 작동해 스스로 깨우쳐서 반성할 수 있도록 기다려주는 것도 필요합니다.

전문가의 한마디!

- 거짓말 훈육은 간단합니다. 이유와 상황을 들어주고, 잘못된 점과 올바른 행동방법을 알려주세요.
- 사회적 관계에서 신뢰감 및 죄책감 등 거짓말을 하면 안 되는 이유를 알려주세요.

우리 아이들은
왜 훔치고 싶을까요?

왜 거짓말을 하는지, 왜 훔치는 행동을 하는지, 부모로서 먼저 생각하고 아이와도 이야기를 나눠봐야 합니다. 딱딱한 훈육보다는 따뜻한 부모와의 대화가 무엇보다 중요합니다.

토요일 오후를 맞아 엄마는 빨래를 하려고 남편과 아이들의 옷을 확인하고 있었다. 그러던 중 우연히 초등학교 2학년 민철이의 주머니에서 처음 보는 피젯 스피너를 발견했다. 엄마는 그것을 주머니에서 꺼낸 뒤 식탁 위에 올려놓았다. 그리고 단순하게 '친구 것인가?'라는 생각을 했다.

그렇게 시간이 흐르고 거실에 놓인 민철이의 가방 안을 보게 되었다. 그 안에는 새것으로 보이는 지우개와 피젯 스피너가 들어 있었다.

그때 엄마는 아이의 새로운 물건에 대해서 생각했다. '아직 용돈을 준 적이 없는데 친구들이 주었나? 혹시 우리 아이가 훔친 것은 아닌가? 조금씩 돈을 모아서 산 것일까?' 이전에 보았던 피젯 스피너도 떠올랐다. 갑자기 엄마의 머리가 복잡해진다. 가만히 생각에 잠겨 있는데, 민철이가 거실로 달려와서 재빨리 자신의 가방을 가지고 자기 방으로 들어간다.

엄마는 민철이의 행동에 순간적으로 화가 났다. 그리고 이내 확신했다. 민철이가 '물건을 훔쳤구나!' 마음이 무너지는 듯 덜컹했다. 과연 엄마는 어떻게 이 일을 해결할 수 있을까?

아이를 키우면서 빠질 수 없는 부분이 훔치는 행동입니다. 물건의 크기에 상관없이, 액수가 크든 작든 우리 아이가 남의 물건에 손을 댔다는 사실을 어떻게 이해하고, 이에 대해 어떻게 행동해야 할까요?

아이의 훔치는 행동은 단순히 또래관계를 위한 사회성을 넘어서 더 큰 사회를 위한 기본입니다. 그렇기 때문에 한 번은 올바르게 교육할 필요성이 있습니다.

그렇다면 훔치는 행동과 도벽은 어떤 차이가 있을까요? 훔치는 행동은 남의 물건을 몰래 내 것으로 하는 행동이고, 도벽은 습관적으로 남의 물건을 훔치는 의도적인 행동입니다. 두 행동은 습관이나 의도적인 부분에서 차이가 있습니다. 훔치는 행동은 살면서 한 번쯤 일어날 수 있는 일인 반면에, 도벽은 그 행동이 습관으로 연결되어 결코 일어나서는 안 되는 일입니다.

아이의 연령을
체크해야 한다

그렇다면 한 번의 행동이 같은 상황에서 자동적으로 움직이는 하나의 습관이 되지 않기 위해서는 어떻게 해야 할까요? 우리 아이의 주머니에서 다른 아이의 물건이 나온다면 어떻게 해야 할까요?

먼저 우리 아이의 연령을 체크해야 합니다. 4세쯤이라면 아직 '소유(가지다)'에 대한 개념이 미완성입니다. 또한 내것과 다른 사람의 것을 구분해가는 과정에 있습니다. 그렇기 때문에 아이가 갖고 싶은 물건을 그냥 갖고 싶어서 주머니에 넣었을 수도 있습니다.

이때 아이들의 주머니에는 돌, 나뭇잎, 구슬, 미니카 등이 들어 있습니다. 놀이터에서 눈에 띄는 모든 것을 집에 가져가고 싶어 주머니에 넣었기 때문입니다. 이 시기 아이의 주머니에 들어 있는 돌과 나뭇잎을 보면서 도덕적으로 판단할 필요는 없습니다. 만약 어린이집 미니카가 주머니에 들어 있다면 아이 눈높이에 맞게 설명해주고, 다시 가져다놓아야 한다는 것을 알려주세요.

5세부터는 내것과 다른 사람의 것을 인지하고 도덕적으로 연결시킬 수 있습니다. 그러므로 올바른 소유에 대해서 아이에게 설명해줘야 합니다.

"○○야, 물건마다 주인이 있어. 주인 허락 없이 가져오는 것은 올바른 행동이 아니야. 가지고 놀고 싶으면 주인의 허락을 꼭 받아야 해."

"만약 범수가 영주의 물건을 그냥 가져가면 어떨까? 많이 속상하고 화가 나겠지? 그래서 영주도 다른 사람의 물건을 그냥 가져오면 안 되는 거야."

이렇게 의미를 전달해주세요. 도덕 개념이 마음속에 자리 잡을 때까지 인내심을 가지고 차근차근 설명해주세요. 절대 한 번으로 이뤄지지 않습니다.

아이의 자기조절 능력을
체크해야 한다

두 번째, 자기조절 능력에 대해서 체크해봐야 합니다. 아이가 5세 이상이 되었고, 부모가 소유에 대해서 아이 눈높이에 맞게 설명해주었어도 아이는 자기 주머니에 다른 사람의 물건을 넣을 수 있습니다.

그렇다면 아이의 조절 능력과 욕구를 올바르게 표현하는 방법에 대해 체크해보세요. 인간에게 무언가를 갖고 싶은 마음은 어쩌면 기본적인 욕구일 수 있습니다. 기본적인 욕구라고 해서 모두 다 충족할 수는 없지만 갖고 싶음과 갖지 못함에 대한 상황을 이해하고 갈등을 이겨내야 합니다. 그 갈등 사이에서 스스로를 조절할 수 있는 힘을 가져야 하는 것입니다.

기질적으로 매우 충동적인 아이, 자신이 원하는 것이라면 부모가 무엇이든 사주는 아이 등의 경우 다른 아이들보다 스스로의 욕구를 인지하고 조절하는 과정에서 많은 단계적 연습이 필요합니다. 따라서 무조건 주머니의 물건을 보고 혼을 내기보다는 조절 능력을 기를 수 있는 전문적인 개입이 필요합니다.

부모인 나의 모습은
현재 어떤가?

세 번째, 부모의 태도(나의 모습)를 체크해봐야 합니다. 옛말에 "아이는 어른의 거울이다"라는 말이 있습니다. 이 말이 아이를 키우기 전까지 머리로는 이해했지만 마음으로 담기지는 않았을 것입니다. 하지만 우리 아이가 성장하면서 한 번쯤은 쿵 하고 마음으로 저 말이 절실하게 와닿습니다.

때로는 당신의 익숙하고 당연한 선택, 자연스러운 행동이 아이의 도덕 개념을 살짝 흔들어놓을 수 있습니다. 회사의 휴게실 음료나 작은 물품 등을 집으로 가져와서 쓰는 경우, 물건을 사고 난 후에 거스름돈을 많이 받았을 때 되돌려주지 않는 경우, 떨어진 돈이나 물건을 주머니에 넣은 경우 등이 그런 예입니다.

부모가 아주 사소하고, 사회적으로 문제가 되지 않는 상대적 도덕 개념으로 판단한 행동이라고 해도 우리 아이들은 아직 상대적으로 개념을 연결할 수 없습니다. 따라서 아이의 훔치는 행동이 5세 이후 자주 관찰된다면 엄마 아빠가 아닌 어른으로서 행동을 체크해볼 필요가 있습니다.

아이의 마음을
물어봐줘야 한다

네 번째, 아이의 마음을 체크해봐야 합니다. 엄마 아빠의 기준에서 볼 때 아무 이유 없이 아이가 자꾸만 주머니에 다른 아이의 물건을 담아온다면, 도덕적으로 다른 사람의 물건을 가져오는 것이 잘못이라는 것을 알고 있는 것 같은데 잘못된 행동이 지속된다면, 부모의 기준으로 아이의 마음을 판단하지 말고 아이와 직접 이야기를 나눠봐야 합니다.

연애를 할 때에만 기분 좋은 분위기가 필요한 것이 아닙니다. 아이와의 대화를 시작하기 위해서도 안정적이고 기분 좋은 분위기가 필요합니다. 안정적이고 기분 좋은 분위기에서 현재 아이의 마음을 체크해봐야 합니다.

심리적으로 불안정한지, 외로움이 있는지 혹은 나는 많은 사랑을 주었다고 생각하지만 부족한 것은 아닌지, 아이의 현재 마음에 대해서 들어볼 필요가 있습니다. 아이의 훔치는 행동으로 훈육 여부를 고민하기 전에 아이가 훔치는 행동을 통해 당신에게 전달하고 싶은 이야기가 무엇인지 궁금해하고 들을 준비가 필요합니다.

지금까지 아이를 키우면서 가슴 덜컹하게 만드는 훔치는 행동에 대한 이야기를 해보았습니다. 앞으로 크고 작은 덜컹거림은 찾아올 수 있습니다. 이때마다 기억해야 하는 것은 이 행동으로 우리 아이가 나에게 전달하고 싶은 것이 무엇인가 하는 것입니다.

왜 거짓말을 하게 되었는지, 왜 훔치는 행동을 하는지, 부모로서 먼저 생각하고 아이와도 이야기를 나눠봐야 합니다. 딱딱한 훈육보다는 따뜻한 부모와의 대화를 통해 더 깊게 반성하고 스스로 행동을 바꾸고 싶은 마음이 생길지도 모릅니다.

전문가의한마디!

● 내것과 다른 사람의 것에 대한 개념을 체크해주세요.
● 조절 능력과 기본 욕구를 올바르게 표현하는 방법에 대해서 체크해주세요.

아이를 훈육하는
올바른 방법은 무엇인가?

───

우리 아이가 약속을 잘 지키는 책임감 있는 사회 구성원으로 성장하기 원한다면 부모인
당신부터 작은 약속을 지키는 모습을 아이에게 보여줘야 합니다.

아이를 키우면서 가장 고민스러울 때는 과연 언제일까요? 내 속
으로 낳은 우리 아이가 나보다 더 나은 사람, 더 멋지고 사랑받는
사람이 되길 원하는데, 도대체 어떻게 해야 할지 너무 고민스럽
고 걱정스러울 때가 있습니다.

내가 얻지 못한 것, 내가 배우지 못한 부분을 우리 아이에게 채
워주기 위해서 많은 부모가 열심히 살아가고 고민하고 있습니다.
분명 이렇게 되면 안 될 것 같은데, 우리 아이에게 어떻게 가르쳐
줘야 할까 하는 훈육에 대한 고민이 날로 커집니다.

어떤 것이 훈육이고, 올바른 방법은 무엇일까요?

250 •

훈육이란 무엇인지
곰곰이 생각해보자

당신이 생각하는 훈육이란 무엇인가요? 일반적으로 훈육이라고 하면 체벌을 자연스럽게 떠올리는 부모가 많을 것입니다. 과연 훈육의 정의는 무엇일까요? 사회생활을 위해서 요구되는 여러 가지 바람직한 습관·행동·사고를 만들기 위해서 가르치는 일련의 교육활동이라고 합니다. 즉 훈육은 교육활동이지 체벌이 아닙니다.

우리 아이가 당신처럼 '훈육=회초리'를 떠올린다면 그동안의 훈육에 대해서 반성해봐야 합니다. 우리 아이의 사회생활을 위한 사회성 형성을 위해서 훈육과 회초리를 분리해서 생각할 수 있다면, 이제는 훈육의 올바른 방법에 대한 이야기가 필요합니다.

뉴스를 보면 훈육을 위해 한 살짜리 아이를 맨발로 한 시간 동안 베란다에 두었다고 합니다. 예전에는 훈육을 위해 이불에 소변을 보면 옆집에 가서 소금을 받아오도록 시켰습니다. 과연 올바른 훈육, 올바른 교육 방법이란 무엇일까요? 그리고 이런 방법들이 모든 아이들에게 동일하게 적용될 수 있을까요?

하나의 방법이 모든 아이에게 동일하게 적용될 수는 없습니다. 하지만 세상에 변하지 않는 진리가 있듯이 '훈육=교육 방법'을 위한 몇 가지 진리는 있습니다. 이 진리를 우리 아이 특성에 맞게 조율하려 노력하는 것이 부모의 역할 아닐까요?

훈육의 첫 번째 진리는
'올바른 약속'

우리 아이의 사회성을 훈육하는 데 있어서 지켜야 할 첫 번째 진리는 약속입니다. 사회적 규칙은 개인과 개인. 개인과 집단과의 약속으로 시작되고 이루어집니다. 사회적 관계에서 약속을 실천하는 것은 도덕적 의무입니다. 이에 아이를 키우다보면 하루에도 여러 차례 아이와 약속을 합니다. "장난감을 다 치우면 아이스크림 사러 갈 거야" "다섯 밤 자면 장난감 사러 갈 거야" "엘리베이터 안에서 뛰면 안 돼" "밥을 다 먹으면 카봇 사러 갈 거야" 등 생활 속에서 새끼손가락을 이용해 자주 약속을 하고 있습니다.

사소한 것으로 시작하지만 아이와의 약속은 매우 중요합니다. 아이들은 약속을 통해 세상에 대한 신뢰감을 형성하게 됩니다. 또한 약속을 실천해주는 부모의 행동과 눈빛을 보면서 자신을 존중하는 마음을 배우게 됩니다.

따라서 부모가 아이와의 약속을 가볍게 생각한다면, 아이는 부모와, 더 넓게는 세상을 신뢰하고 존중하는 법을 배우기 어렵게 됩니다. 또한 약속을 가볍게 생각할 수 있습니다.

우리 아이가 약속을 잘 지킬 수 있는 책임감 있는 사회 구성원으로 성장하길 원하나요? 그렇다면 부모부터 작은 약속을 지키는 모습을 보여줘야 합니다.

약속을 잘 지키려면
약속부터 잘해야 한다

약속을 잘 지키려면 약속부터 잘해야 합니다. 아이도, 당신도 무턱대고 감정과 상황에 따라서 한 약속은 처음부터 지킬 수 없습니다. 지금부터 아이와 약속을 잘하는 방법에 대해서 배워보죠.

먼저 약속이란 부모의 권위를 앞세워서 내세우는 지시나 통제가 아닙니다. 아이들은 '음식 골고루 먹기 약속' '거짓말 하지 않기 약속' '실내에서 뛰지 않기 약속' '친구 깨물지 않기 약속' '스스로 숙제하기 약속' 등 다양한 주제로 새끼손가락을 걸고 웃으며 부모와 약속을 합니다.

이렇게 약속한 뒤 약속을 지키지 않으면 부모들은 "너 엄마랑 약속한 것 안 지켰잖아" "너도 아빠랑 한 약속 안 지켰으니 아빠도 안 지켜"라는 말과 함께 아이들에게 벌을 주게 됩니다.

과연 아이는 당신과 약속을 하면서 약속을 지키지 않았을 경우 갖게 되는 죄책감과 벌을 감당할 수 있는 확신이 있어서 약속을 했을까요? 그게 아니라면 꼭 약속을 지킬 수 있다는 확신이 있어서 약속을 했을까요? 그게 아닙니다.

아이는 약속을 하지 않으면 혼이 날 것 같은 웬지 모를 압력 때문에, 약속을 하면 좋아하는 당신의 얼굴을 보기 위해서 약속을 할 수 있습니다. 따라서 아이에게 약속이란 시작부터 서로 협의로 이뤄진 것이 아니라 부모의 일방적인 지시나 통제에 따른 것일 수 있습니다. 그렇기 때문에 처음부터 잘못된 약속이고, 지켜질 수 없는 약속입니다.

이런 점에서 아이와 약속을 할 때에는 기본적으로 아이 스스로 '무언가를 하겠다, 할 것이다, 할 수 있다' 등과 같이 자신의 행동을 결심하거나 다짐하는 생각에서 시작해야 합니다. 당신도 무언가를 약속할 때 '내가 하겠다. 할 수 있다'라는 생각을 가지고 약속하지 않나요? 아이도 똑같습니다.

그래서 약속은 우리 아이가 지금 당장 지킬 수 있는 것, 현실적인 것, 단순한 것으로 시작해야 합니다. 아이가 먼저 자신이 할 수 있는 행동으로 약속 내용을 제안할 수 있도록 유도하거나 기다려주는 것이 가장 좋은 약속의 방법입니다.

약속은
곧 교육이다

약속을 통한 교육에서 혼동하지 말아야 할 것이 있습니다. 대부분의 약속은 아이에게 올바른 행동이나 생각을 가르쳐주기 위한 목적으로 시작됩니다. 하지만 아이들이 약속을 지키지 않았을 때는 이러한 목적보다는 무조건 약속을 지키지 않았다는 사실만 강조하며 결론을 내리게 됩니다.

예를 들어 생각해보죠. 엘리베이터를 타면 아이가 자꾸 웃으면서 뛰는 행동을 합니다. 엄마는 이것이 매우 위험한 행동이라서 꼭 고쳐야 한다고 엄마는 생각했습니다. 엄마는 아이와 약속을 합니다. "엄마랑 지금 마트에 갈 거야. 근데 현우가 엘리베이터 안에서 뛰면 엘리베이터가 쿵 하고 떨어져서 마트에 갈 수 없겠지. 매우 위험해. 엄마랑 엘리베이터 안에서 뛰지 않는다고 약속할 수 있어?"라고 질문합니다.

아이는 방긋 웃으면서 새끼손가락을 건네며 약속을 하고, 아이와 엄마는 엘리베이터를 탔습니다. 그런데 아이는 방금 한 약속을 잊어버린 듯 웃으면서 엘리베이터 안에서 뛰기 시작합니다.

엄마는 그 순간 싸늘한 눈빛으로 아이에게 "방금 약속했는데 약속을 안 지키네? 약속을 안 지키면 나쁜 사람이라고 했지. 나쁜 사람은 경찰아저씨가 잡으러 온다고 했지"라고 하면서 아이를 혼내기 시작합니다. 아이는 자신은 나쁜 사람이고, 경찰아저씨가 잡으러 올까봐 걱정이 되어 울기 시작합니다.

그렇게 아이는 울고 엄마는 짜증을 내면서 마트로 갑니다. 여기서 엄마는 무엇을 놓쳤을까요? 바로 교육입니다. 엄마는 아이에게 엘리베이터에서 뛰면 안 된다는 것을 가르칠 목적으로 약속을 했습니다. 그런데 아이를 혼낼 때에는 약속을 지키지 않았다는 것으로 혼을 냈습니다. 시작과 끝이 연결되지 않습니다.

엘리베이터 안에서 아이가 뜁니다. 그때 엄마는 아이에게 "엘리베이터 안에서 뛰면 쿵 하고 떨어져서 위험해. 더 이상 엘리베이터를 탈 수 없어서 오늘은 마트에 갈 수 없겠다. 다시 집으로 가자"라고 이야기를 하면서 다시 집으로 돌아오면, 그 순간 아이는 '엘리베이터에서 뛰면 안 되는구나'라고 생각하게 됩니다. 아이에게 가르쳐주고 싶은 것이 무엇인지 혼동하지 말아주세요.

우리 아이와 약속하기 전에 꼭 기억하세요. 약속이란 이름으로 아이에게 지시나 억압적인 통제를 하지 말아주세요. 그리고 아이에게 가르치고자 한 것이 무엇인지 잊지 마세요. 그것만 정확하게 전달되면 당신의 약속은 성공입니다.

전문가의 한마디!

- 훈육은 사회성을 위한 바람직한 행동·사고 형성을 위한 교육 활동입니다.
- 약속이란 부모의 기준이 아닌 아이의 기준으로 시작하는 것입니다. 약속은 통제가 아닌 교육입니다.

아이와 아이의 잘못을
분리해야 한다

잘못된 행동은 행동일 뿐입니다. 우리 아이 자체가 잘못된 것은 아닙니다. 만일 그렇다면 그 아이를 낳은 부모부터 잘못입니다. 즉 아이의 행동만 보고 이야기해주세요.

초등학교 3학년 지환이가 울음을 참으면서 씩씩거리고 있다. 엄마는 잔뜩 화가 난 얼굴로 지환이를 혼내기 시작한다. 발단은 밀린 학습지 때문이다.

"엄마가 분명히 매일 2장씩 풀라고 했는데 풀지도 않고, 선생님 오시기 전까지 알아서 해놓으라고 했지. 내일 선생님 오시는데 아직 풀지도 못했고, 하기 싫으면 하지 마. 지금부터 아무것도 하지 마. 먹지도 마. 도대체 매일 2장씩 푸는 게 뭐가 어려워서 이것도 못 하면 앞으로 커서 뭐가 되려고 그러니? 어떻게 매일 2장씩도 못 풀어? 도대체 네가 제대로 할 수 있는 게 뭐니? 게임밖에 없지. 게임이고 뭐고 아무것도 하지 마. 그렇게 네 맘대로 하려면 나가서 혼자서 살아!"

엄마의 윽박에 지환이는 결국 슬그머니 밖으로 나가버린다.

이 모습은 혹시 한 번쯤은 우리 집에서도 볼 수 있는 풍경은 아닌가요? 그런데 이 모습은 올바른 훈육일까요? 씩씩거리는 지환이는 부모가 훈육하는 이유를 정확하게 알고 있을까요?

훈육의 두 번째 진리는 '분리수거'

훈육을 함에 있어서 지켜야 하는 두 번째 진리는 분리수거입니다. 가장 쉽게 잊어버릴 수 있기 때문에 부모의 훈련이 많이 필요한 부분입니다. 또한 이것은 분명히 지켜야 할 진리이기 때문에 꼭 기억하길 부탁드립니다.

부모의 훈육은 우리 아이에게 사회생활에 필요한 올바른 습관·행동·사고를 형성하기 위한 교육 활동이지, 부모의 화난 감정을 쏟아내는 활동이나 아이의 자존심을 건드리는 활동이 결코 아닙니다.

하지만 대부분의 부모들은 아이들의 잘못된 행동 앞에서 모든 것을 잊어버리게 됩니다. 잘못된 행동을 보면 순간적으로 그동안의 부정적인 감정과 언어들을 쏟아내게 됩니다. 그리고 난 뒤 다시 아이의 자존감을 위해서 어디선가 배운 방법으로 끌어안고 "미안해, 사랑해"를 전달합니다.

그때 아이들이 속으로 생각하지 않을까요? '둘 중 하나만 하면 어떨까? 혼을 내든지 사랑해라는 말만 하든지.' 부모의 끝과 끝이 다른 표현과 행동에 아이들은 혼란스럽기만 합니다. 이런 방식으로는 결국 올바른 습관·행동·사고를 형성할 수 없습니다.

감정 분리,
이렇게 하면 된다

그렇다면 훈육을 할 때는 2가지를 분리수거하는 마음으로 분리해야 합니다. 먼저 감정을 분리해야 합니다. 아이들은 빠르고 예민합니다. 당신이 감정적으로 훈육이란 목적으로 쏟아내는 부정적인 언어와 감정을 누구보다 빠르게 느낄 수 있습니다.

당신이 모든 감정을 쏟아낸 후 후회하기 전에 아이들은 눈치챘습니다. '엄마가 화났구나. 나에게 쏟아내는구나' '아빠가 화났으니 그냥 가만히 있어야겠구나' '내가 잘못은 했지만 왜 나한테 화풀이야' '지금부터는 엄마가 화풀이를 하는구나' 등 다양한 방식으로 부모의 감정을 받아들이고 있습니다.

훈육을 함에 있어서 부모의 감정을 정확하게 분리수거해서 버려야 합니다. 감정이란 무언가에 대해 마음에서 일어나는 느낌이나 기분입니다. 따라서 아이의 잘못된 행동에 대해 느끼는 감정에 따라 행동한다면 절대 훈육할 수 없습니다. 즉 느낌으로는 올바름을 전달할 수 없습니다.

느낌과 기분만으로 행동하면 무엇이든지 지나치거나 실수하게 됩니다. 술에 취한 사람은 느낌과 기분으로만 행동하기 때문에 문제가 생기죠. 사람이 감정을 빠르게 분리하기는 어렵습니다.

그래서 어쩌면 '생각하는 의자'는 아이에게 필요한 것이 아니라 당신에게 필요한 것은 아닐까요? 지금 바로 눈에 보이는 잘못된 행동에 대해 감정적으로 훈육하는 실수를 하지 않도록 아이를 생각하는 의자에 앉힘으로써 당신이 감정을 분리할 수 있도록 도와주는 것은 아닐까요?

생각하는 의자에서 아이가 과연 무엇을 생각할 수 있을까요? 아이가 그 시간 동안 자신의 행동에 대해 얼마나 통찰할 수 있을까요? 아마 부모가 그 시간 동안 감정을 분리하는 것이 더 유익할 것입니다. 따라서 올바름을 가르치는 훈육을 위해서는 감정을 분리해버립시다.

제발 아이의
잘못된 행동만 이야기하자

마지막으로 아이와 잘못된 행동을 분리해야 합니다. 훈육은 올바름을 가르치는 교육 과정이니, 제발 잘못된 행동만 이야기해주세요. "죄는 미워해도 사람은 미워하지 말라"고 했습니다. 아이의 행동을 미워해도 아이는 미운 존재가 아님을 기억하세요.

4장에서 자존감은 아이가 가장 신뢰하는 사람에게 존중을 받을 때 형성된다고 했습니다. 그런데 매일 아이의 자존감을 위해 존댓말을 한다고 해서 아이의 자존감이 높아지는 것은 아닙니다. 아이에게 훈육을 할 때 무서운 표정과 함께 자존감을 건드리는 말부터 한다면 부모의 표현부터 바꿔야 하지 않을까요? 부디 공든 탑을 스스로 무너뜨리지 마세요.

아이를 훈육할 때에는 아이와 잘못된 행동은 분리하세요. 우리 아이가 '누굴 닮아서, 멍청해서, 못나서' 잘못된 행동을 하는 것이 아닙니다. 성장 과정에서 한두 번쯤은 잘못된 행동을 할 수 있습니다. 행동이 잘못된 것이지, 우리 아이가 이상하거나 잘못된 것은 아닙니다.

아이에게 "너가 잘못했잖아" "○○하면 나쁜 사람이야. 엄마가 나쁜 사람 된다고 했잖아" "너 때문에 아빠가 속상해"가 아니라 "○○의 행동이 잘못된 거야" "○○한 행동은 나쁜 거야" "○○행동 때문에 엄마가 속상해"라고 전달해야 합니다. 그래야 아이는 자신의 잘못된 행동을 바꿔야 한다는 생각을 할 수 있습니다.

부모가 자꾸만 아이가 잘못되었다고 하면, 아이가 새로 태어나지 않는 이상 바뀔 수 없다는 말 아닐까요? 그것은 아이에게는 불가능한 이야기로, 해결할 수 없는 일이 됩니다.

따라서 아이가 '장난감을 치우지 않는 행동으로 혼이 났으니 그 행동을 바꿔야지' 하는 생각을 하고 다음부터는 장난감을 조금이라도 치우는 행동으로 바뀔 수 있도록 훈육하세요.

아이의 이전과 행동이 조금이라고 바뀌었다고 판단된다면 크게 칭찬해주세요. 그래야 아이가 자신의 행동을 뿌듯해합니다.

다시 기억해볼까요? 훈육은 회초리가 아닙니다. 사회성에 필요한 도덕성을 형성시켜주는 올바름을 전달하는 과정입니다. 따라서 훈육을 위해서는 분리수거하세요. 아이의 잘못된 행동으로 생긴 부정적인 감정을 분리해버리세요. 느낌이라는 감정 충만한 상태에서 우리 아이를 만나지 마세요.

잘못된 행동은 그냥 행동일 뿐입니다. 우리 아이가 잘못된 것이 아닙니다. 우리 아이가 잘못이라면 그 아이를 있게 한 부모도 잘못입니다. 아이의 행동만 보고 이야기해주세요.

전문가의 한마디!

● 생각하는 의자는 부모가 감정을 분리하는 시간입니다.
● 우리 아이와 행동을 분리합시다. 아이의 행동만을 보고 이야기해주세요.

아이 스스로 생각할 수 있는
힘을 기르게 하자

유대인의 방법처럼 아이의 이상한 질문과 답변으로 이 세상이 변화할 수도 있습니다. 아직 우리 아이는 긁기 전의 복권입니다. 그 복권을 부모가 먼저 긁지 마세요.

전 세계인을 하나로 묶는 페이스북의 창시자 마크 저커버그 (Mark Zuckerberg), 전 세계인의 사랑을 받는 커피 브랜드인 스타벅스 회장 하워드 슐처(Howard Schultz).

이 둘의 공통점은 무엇일까요? 바로 유대인입니다. 전 세계를 움직이는 집단으로 알려진 유대인, 그런 만큼 아이를 키우는 부모라면 유대인의 교육 방법에 대해서는 한 번쯤 관심을 갖게 됩니다.

도대체 어떤 방법으로 가르치기에 소수가 다수를 움직일 수 있는 걸까요? 유대인의 교육 철학과 방법은 5천 년 동안 이어져오고 있는 탈무드에 모두 담겨 있다고 합니다.

5천 년 유대인 역사의 결과인 탈무드의 처음과 끝은 하나의 문장으로 정리할 수 있습니다. 그것은 바로 '질문하라!'입니다. 이것이 바로 5천 년 유대인 교육의 비밀입니다.

탈무드에서 질문은 아이에게 생각하는 힘을 키워주는 지름길이라고 합니다. 누구나 질문을 받으면 자동적으로 생각을 하게 되기 때문이죠. 생각을 해야 더 좋은 방향으로 옳은 것을 선택하고 결정한 후 움직일 수 있기 때문입니다.

그래서 유대인들은 아이들에게 교육과 훈육의 방식으로 질문을 선택한다고 합니다. 유대인 부모들은 아이에게 "너는 어떻게 생각하니?" "왜 그렇게 생각하니?" 이 2가지를 끊임없이 질문한다고 합니다.

도덕성은
질문과 토론이다

연령별 도덕적 생각과 사고를 연구한 도덕발달 심리학자 콜버그(Lawrence Kohlberg)의 연구에서는 '예' '아니오'라는 답변은 없다고 합니다. 그는 질문에 따른 단순한 정답이 아닌 '왜 그렇게 생각할까?'라는 질문 속 바탕이 되는 도덕적 논리에 따라서 연구를 했다고 합니다. 따라서 도덕적 추론과 판단 능력을 향상시킬 수 있는 방법으로 '왜?'라는 질문과 토론을 주장합니다.

그는 도덕적 개념과 도덕성 문제를 아이에게 주입식으로 전달하는 것이 아닌 우리 아이의 도덕적 발달에 맞춰서 도덕적 개념과 갈등에 대해서 질문하고 함께 토론하는 방법이 더 효율적이라고 주장합니다.

즉 아주 어린 아이들에게는 도덕적으로 잘못된 행동을 했을 때는 즉각적으로 행동의 잘못을 간단명료하게 알려주는 것이 필요하고, 더 성장한 아이에게는 체벌보다는 질문과 토론으로 아이에게 보편적인 도덕적 가치를 스스로 깨우치도록 하는 것이 더 도움이 된다는 것입니다.

아이를 위한
올바른 질문 방법

지금까지의 글을 읽으면서 오늘부터라도 아이의 잘못된 행동에 대해 소리를 지르며 감정적으로 대응하지 않고 질문으로 훈육하기를 다짐하지는 않았나요?

'그럼 어떻게 질문을 해야 할까?' '지금 우리 아이에게 질문을 하면 그 질문을 알아듣고 대답이나 할까?' '질문을 하면 우리 아이는 말도 안 되는 엉뚱한 질문 100개는 더 할 텐데, 아이가 이상한 질문을 하면 어떻게 대답해야 하지?' 등 다양한 생각이 앞설 것입니다.

이제부터 아이에게 올바르게 훈육할 수 있는 질문 방법에 대해서 생각해보죠. 아이에게 질문으로 훈육을 할 수 있는 다음의 방법 3가지만 기억하세요.

첫째, 나와 다른 눈입니다. 아이가 왼쪽만 본다면 오른쪽을 볼 수 있도록 질문하고, 아이가 앞만 본다면 뒤를 볼 수 있도록 질문하는 것입니다.

길가에서 아이가 강아지를 보면서 엄마에게 강아지를 키우자고 이야기합니다. 이때 엄마들은 "안 돼" "누가 똥 치울 거야?" 등 단호하게 아이의 제안에 대해 거절부터 합니다. 하지만 이때 "우리 집에서 강아지를 키운다면 어떤 점이 좋고, 어떤 점이 나쁠까에 대해 생각해보자"라고 이야기해보면 좋습니다.

또 외출하고 돌아와서 손을 씻지 않는 아이에게 "밖에서 돌아오면 무조건 손부터 씻는 거야"라거나 "손에 벌레 있어, 손 씻어"라고 말하기보다는 "손을 안 씻으면 어떤 점이 좋고, 어떤 점이 나쁠까?"라는 질문을 하고, 짧지만 아이의 생각과 어른의 생각을 이야기하면서 올바른 것을 스스로 마음속에 저장하는 내면화가 이루어질 수 있도록 기회를 주는 것이 좋습니다.

예측해보는 질문을
해야 한다

둘째, 예측해보는 질문을 해야 합니다. 지금의 판단과 선택 후 일어날 수 있는 결과를 미리 예측해보는 것입니다.

아파트 놀이터에서 엄마가 아이에게 "○○야, 거꾸로 미끄럼틀을 타면 안 돼" "너 그렇게 미끄럼 타면 다친다" "미끄럼틀을 올라갈 때는 계단을 이용해야지"라고 외치고 있습니다. 이때 아이에게 미끄럼틀 타는 것을 멈추게 하고 "미끄럼틀을 타려고 거꾸로 올라가면 어떻게 될까?"라고 질문을 던져보는 것은 어떨까요?

아이가 엄마에게 "엄마, 거짓말을 하면 어떻게 돼?"라고 질문합니다. 엄마는 아이에게 "거짓말을 하면 엄마에게 혼나는 거지" "거짓말은 나쁜 거니까 혼나야지. 나쁜 사람이 되는 거지" "거짓말은 안 돼"라고 대답하기보다는 "○○는 거짓말이 뭐라고 생각해?"라는 질문을 먼저 한 뒤 아이의 답변을 듣고 "그럼 모든 사람들이 거짓말을 하면 어떻게 될까?"라고 질문하면 어떨까요?

많은 아이들이 부모에게 질문을 합니다. 분명 상황에 따라서 정확한 답변이 필요할 수 있습니다. 하지만 한 번쯤은 아이에게 질문을 되돌려주면서 아이가 자신의 생각을 정리하고 표현할 수 있는 기회를 주는 것은 어떨까요?

해결할 수 있는 질문을
해야 한다

셋째, 해결할 수 있는 질문을 해야 합니다. 어떤 문제가 생겼을 때 바로 해결해주기보다는 아이 스스로 해결하는 대처 능력을 기를 수 있도록 질문하는 것입니다.

아이가 그림놀이를 하려고 하는데 필요한 도구가 없습니다. 이 때 엄마는 "엄마가 다음에 마트에서 사오면 그때 하자" "없으니 다른 걸 하고 놀아" "지금 엄마랑 사러 갈까?"라고 이야기를 하게 됩니다. 이때 "○○이 필요한데 지금 우리 집에는 없네. 어떻게 하면 좋을까? ○○것 말고 다른 것으로 그림을 그릴 수는 없을까?"라고 질문을 해보면 어떨까요?

유치원에 다녀온 아이가 엄마에게 짜증을 내면서 "○○ 때문에 유치원 가기 싫어. 자꾸 괴롭혀"라고 이야기합니다. 이때 엄마는 "○○가 왜 괴롭혀? 너만 괴롭혀?" "네가 먼저 괴롭히는 건 아니고?" "알았어. 선생님에게 말할게" 등의 말로 응대하게 됩니다.

이때는 "○○가 괴롭힌다고 생각해? 왜 괴롭히는 것 같은데?"라고 질문하면서 아이가 스스로 상황에 대해 올바르게 이해하고 있는지 아니면 왜곡된 반응을 보이는지 생각할 기회를 주는 것이 좋습니다. 그런 다음 "○○가 또 괴롭히면 어떻게 할 수 있을까?"라고 질문하면서 아이가 그런 상황에서 스스로 할 수 있는 대처 방법에 대해 생각하면서 함께 의논해보는 것은 어떨까요?

아이가 클수록 생각보다 부모가 해결해줄 수 있는 일이 그리 많지 않습니다. 사소한 일부터 어떻게 해결할 수 있을지에 대해 생각해보는 훈련이 필요합니다.

훈육에 도움이 될 수 있는 3가지 질문 형태에 대해 설명해보았습니다. 생활 속에서 한 번쯤 해본 것 같기도 하고, 머리로는 알고 있지만 실제로는 어색한 것 같아서 못할 것 같은 질문도 있을 것입니다. 이 책을 읽은 뒤 갑자기 3가지 형태로 아이에게 질문을 던진다면 아이가 이상한 눈으로 바라볼 수도 있습니다.

따라서 우리 아이에게 질문하기 전에 먼저 아이가 생각할 수 있는 분위기와 관계를 만드는 것이 필수입니다. 그리고 아이가 아무리 이해할 수 없는 질문이나 답변을 해도, 아무리 답답해 속이 터질 것 같은 생각을 이야기해도 웃는 연습이 필요합니다.

유대인의 방법처럼 아이의 이상한 질문과 답변으로 이 세상이 변화할 수도 있습니다. 아직 당신 아이는 긁기 전의 복권입니다. 그 복권을 당신이 먼저 긁지 마세요.

📝 전문가의 한마디!

- 아이가 다양하게 생각할 수 있는 질문, 선택한 후 나타날 수 있는 상황을 예측하는 질문을 합시다.
- 아이 스스로 해결할 수 있도록 만들어주는 질문을 합시다.

가족과 함께
QR CODE

도덕성과
사회성

번호대로 따라하기

내가 만든 신체 룰을 기억하고 함께 행동함으로써 우리가 하나 됨을 경험하기

- **활동 목표**: 청각과 신체의 통합 능력 향상 및 규칙을 지키는 대처 능력이 향상된다.
- **준비물**: 없음
- **활동 방법**: ① 엄마, 아빠가 아동에게 규칙을 설명한다.
  규칙) 1번: 자신의 왼쪽 무릎 두드리기, 2번: 자신의 오른쪽 무릎 두드리기, 3번: 왼쪽 사람의 팔 두드리기, 4번: 오른쪽 사람의 팔 두드리기, 5번: 자신의 고개를 흔들흔들, 6번: 두 팔을 올리며 '합' 하고 외치기
  ② 가위바위보로 차례를 정한다.
  ③ 한 사람이 숫자를 말하면 모두가 숫자에 해당하는 동작을 한다.
  ④ 차례대로 돌아가면서 숫자를 외치고 동작하기를 반복한다.

What are you doing?

이중메시지(말과 행동의 불일치) 경험을 통해 일치적 의사소통의 중요성 깨닫기

- 활동 목표: 이중 메시지(말과 행동의 불일치)를 경험하고 대처 능력을 배울 수 있다.
- 준비물: 없음
- 활동 방법: ① 둥글게 모여 앉거나 서서 할 수 있다.
  ② 한 사람이 왼쪽 사람에게 '너 뭐하니?'라고 질문하면, 행동과 말을 다르게 (거짓말) 한다. 예를 들어, '너 뭐하니?'라는 질문에 밥 먹는 행동을 하며 '자고 있어'라고 답한다.
  ③ 그 다음 사람은 이전 사람의 말을 행동으로 보이고 말을 다르게 한다. 예를 들어, 자는 시늉을 하며 '춤추고 있어'라고 말한다.
  ④ 말과 행동의 불일치를 보며 느낀 점에 대해 이야기를 나눈다.

아이에게 있어서 초등학교 입학은 사회생활의 실전과 같은 곳입니다. 관계 맺기를 위한 연습기간은 이미 그 이전에 끝마친거나 다름없습니다. 이때 아이들은 어린 시절에 획득한 안정감을 토대로 갈고 닦은 기술을 마음껏 펼쳐야 합니다. 실제로 친구와의 관계를 원만하게 유지하고, 깊은 관계로 발전시키는 것입니다. 자, 이제 실력발휘를 해볼까요?

6장

·

또래관계에서의
우정과 해결 능력

초등학생이 된 아이에게
가장 필요한 것은 격려와 지지다

아이들은 다른 사람의 말을 듣는 데 집중해야 합니다. 그리고 나서 자신의 생각과 느낌을 잘 전달해야 하고, 자연스럽게 감정을 추슬러서 대처하는 법을 배워야 합니다.

초등학생이 되면 아이들은 점점 다른 사람의 생각을 이해할 수 있게 되며, 숨겨진 의도를 파악할 수 있는 능력을 갖게 됩니다. 이때 아이들은 구체적인 관계의 기술을 터득하게 됩니다. 주로 친구를 어떻게 하면 잘 사귈 수 있는지, 어떻게 하면 친구가 자신을 좋아해주는지, 친구와 싸우면 어떻게 해야 할지 등을 배우게 되는 것입니다.

아이는 학교라는 사회적 공간에 들어서면서 여러 사람과의 약속을 지키고 그 안에서 적응하는 법을 배웁니다. 그 과정을 통해 아이들은 보다 높은 차원의 생각을 하고, 도덕성을 갖추며, 세분

화된 감정을 경험하는 것입니다.

아이에게 있어서 학교 입학은 실전과 같은 곳입니다. 관계 맺기를 위한 연습기간은 끝마친 거나 다름없는 거죠. 이때 아이들은 어린 시절에 획득한 안정감을 토대로 갈고 닦은 기술을 마음껏 펼쳐야 합니다.

실제로 친구와의 관계를 원만하게 유지하고, 깊은 관계로 발전시키면서 말이죠. 자, 이제 실력발휘를 해볼까요?

지지와 격려는
반드시 필요하다

먼저 아이들은 다른 사람의 말을 듣는 데 집중해야 합니다. 그리고 나서 자신의 생각과 느낌을 잘 전달해야 하고요. 설사 자신의 표현이 통하지 않아서 친구의 놀림을 받더라도 자연스럽게 감정을 추슬러서 대처하는 법을 보여줘야 합니다. 그래야 진짜 실력발휘인 거죠.

하지만 이러한 기술은 말처럼 쉽지 않겠죠? 이러한 기술이 어쩌면 가장 간단한 듯 보이지만 막상 해보면 가장 어려운 것입니다. 물론 어느 때 어떤 방식으로 이러한 기술들을 써야 하는지는 여러 시행착오를 통해서만 터득하게 됩니다.

즉 부딪혀보고 경험해보지 않으면 알 수 없다는 것입니다. 친구와 오해가 생겨 갈등이 생길 수도 있고, 자신이 생각하고 예상한 대로 잘 전개되지 않을 수도 있습니다. 하지만 이러한 관계 맺기 시도와 경험은 실제로 해보지 않는 이상 어떻게 하면 적절하게 때에 따라 사용할 수 있는지 알기 어렵습니다.

그러니 가장 필요한 마음가짐과 기술은 어쩌면 두려움을 떨치고 시도해보는 용기일 것입니다. 이런 현실에 부딪히는 것은 그 어떤 기술보다 우선되어야 하며 유일한 길이라는 것을 우리는 알아야 합니다. 만일을 걱정해 아무것도 시도해보지 않는다면 어떠한 일도 일어나지 않게 되니까요.

⌐ 전문가의 한마디! ⊃▬▬▬▬▬▬▬▬▬▬▬▬▬▬▬▬

- 엄마와의 연습기간은 끝났습니다. 이제 실전에 들어가서 시도해봐야 합니다.

- 결과를 두려워하지 않고 시도해볼 수 있도록 도와주세요. 이때 칭찬보다는 지지와 격려가 더 큰 도움이 됩니다.

자주 흥분하는 우리 아이, 이렇게 대처하자

아이가 자신의 감정을 제대로 인식할 수 있는 연습과 적절하게 표현할 수 있는 방법을 알게 되면, 폭주하는 기관차처럼 행동하지는 않을 것입니다.

준표는 이상한 이야기를 많이 하는 아이다. 친구들에게 뜬금없이 다가가 허무맹 랑한 이야기를 하기도 하고, 다른 친구가 싫다고 하는데도 놀리는 것을 멈추지 않 고 계속하는 아이다. 친구들도 처음에는 준표가 하는 말이 웃길 때도 있어서 재밌 다고 생각했지만 시도 때도 없이 이상한 이야기를 하니까 이젠 준표를 이상하다 고 생각하게 되었다.

친구들은 자신의 집에 가서 엄마에게 "엄마, 준표는 이상해. 수업시간에 웃긴 일도 아닌데 갑자기 웃어. 게다가 재밌지도 않은 얘기인데도 혼자 재밌다면서 계 속 떠들어"라고 말하곤 했다.

그러던 어느 날 준표는 친구랑 싸움을 했는데 상대방 친구에게 갑자기 욕을 하면서 달려들었다. 준표 엄마는 그 이야기를 듣고 놀라서 준표에게 왜 그랬냐고 물었지만 준표로부터 아무런 이야기도 듣지 못했다. 그저 준표는 "친구가 놀렸어. 하지 말라고 하는데도 계속 놀려서 화가 나서 때렸어"라고만 했다.

그래서 준표 엄마는 "그 친구가 뭐라고 놀렸는데?"라고 다시 되물었다. 그러자 준표는 기억이 안 난다고만 할 뿐 다른 이야기를 하지 않았다. 준표 엄마는 이런 일이 일어날 때마다 준표에게 자초지종을 들으려고 열심히 물어보지만 정작 준표에게서는 "기억이 안 난다" "모르겠다"라는 말만 들었다.

먼저 다독여주는 것이
우선이다

위의 이야기를 들으면 준표는 좀 센스가 없는 아이처럼 보입니다. '엉뚱하다'라고 하기보다는 '뜬금없다'라는 표현이 더 잘 어울리는 아이 말이죠. 게다가 학교 친구들에게 분위기 파악을 잘 못하는 아이로 인식된 것 같습니다. 도대체 준표는 뭐가 문제인 것일까요?

간혹 다른 사람의 신호를 잘못 알아차리거나 전혀 이해하지 못하는 아이들이 있습니다. 그 아이들은 어떤 행동이 장난인지 아닌지를 명확하게 구분할 줄 모르는 것처럼 행동하죠. 게다가 비슷한 상황인데도 어떤 때는 같이 웃고 또 어떤 때는 화를 내니 준표 같은 아이 곁에는 점점 아무도 없게 되는 경우가 많습니다.

이런 친구들이 주로 보이는 반응은 자신은 다른 친구에게 과도한 장난을 치고 놀리는 행동을 하면서도 정작 친구가 자신에게는 실수로 살짝 치기라도 하면 과도하게 흥분하며 싸움을 건다는 것입니다.

이는 준표가 오해를 많이 하는 데 원인이 있다고 볼 수 있습니다. 준표와 같은 아이들은 항상 다른 친구들이 자신을 괴롭힌 것이지 자신이 먼저 한 것이 아니라고 이야기합니다. 자신은 피해자고 친구들이 괴롭혀서 학교에 가기 싫다고 말이죠.

준표의 답답함을 우리가 좀 풀어줄까요? 준표는 상대방의 신호를 잘 알아차리지 못하는 데 문제가 있습니다. 위의 사례를 보면, 준표는 비슷한 상황에서도 어떤 때는 웃고 어떤 때는 화를 낸다는 이야기를 합니다.

이런 아이들은 대게 자신의 감정도 잘 파악하지 못하는 경우가 많습니다. 자신의 감정을 잘 알지 못하니 다른 사람의 감정을 읽는 것은 당연히 어려운 것이죠. 문제를 정확히 파악하지 못한 아이가 어떻게 문제의 답을 풀 수 있겠습니까? 그러니 준표와 같은 아이들이 문제를 포기해버리는 것은 어쩌면 당연한 것이겠죠.

더 문제는 준표 같은 경우 문제를 모르는 자신이나 그렇게 어려운 문제를 낸 선생님을 원망한다는 데 그 심각성이 더해집니다. 준표와 같은 아이들은 상대방의 신호가 어떤지 잘 파악하지 못하기 때문에 과도하게 흥분을 하거나 공격적으로 문제를 해결하려는 경향을 보이거든요.

준표와 같은 아이는 왜 자주 흥분하고 과도하게 반응하는 것일까요? 그것은 감정에 대해 어떻게 다루어야 할지 모르기 때문입니다. 오해 때문에 인식한 강렬한 감정이 준표를 덮치면, 준표는 그 감정을 잠재우기 위해 상대방을 공격해서 이 문제를 해결하려고 하는 것입니다.

그렇기 때문에 준표에게 가장 필요한 것은 감정에 대해 제대로 인식할 수 있는 연습과 적절히 표현할 수 있는 방법을 아는 것입니다. 그러면 적어도 준표는 알 수 없는 감정을 조절하지 못해 폭주하는 기관차처럼 행동하지는 않을 것입니다.

전문가의 한마디!

- 감정의 소용돌이에 휩싸여 과도하게 흥분한다면, 그건 공격이 아니라 방어적인 태도에서 비롯된 것입니다.
- 불안에 떠는 '내면아이'를 먼저 다독여주세요.

친구가 별로 없는 우리 아이, 이렇게 대처하자

많은 친구가 아니라 단 한 명일지라도 자신의 감정을 솔직히 나누고, 서로 공유하며, 공감할 수 있는 친구가 필요합니다. 그런 친구 한 명이라면 행복할 겁니다.

환이는 유치원 때 친구가 별로 없었다. 환이는 항상 친구를 많이 사귀고 싶고 친구들에게 인기가 많았으면 좋겠다고 바랐다. 유치원 때처럼 외톨이로 지내고 싶지 않았던 환이는 학교에 입학하자마자 결심했다. 이제 초등학생이 된 이상 친구들을 많이 사귀겠노라고.

하지만 어떻게 해야 친구들을 많이 사귈 수 있을지 환이는 도통 알 수가 없었다. 어느 날 환이는 엄마에게 "엄마, 친구들이랑 친하게 지내려면 어떻게 해야 해?"라고 물었다. 그러자 엄마는 "잘해주면 돼지. 양보도 많이 하고, 환이가 맛있는 것을 먹으면 잘 나눠주기도 하고. 그러면 친구들이 좋아하지 않을까?"라고 이야기해줬다.

그 얘기를 들은 환이는 엄마가 얘기한 대로 실행해보기로 했다. 환이는 친구들에게 자신이 아끼는 포켓몬스터 카드를 가져가서 나눠주기도 하고, 자신이 제일 좋아하는 젤리 역시 집에서 한움큼 가져와서 친구들에게 나눠주었다. 그랬더니 친구들이 정말로 좋아하면서 자신이 준 포켓몬스터 카드나 젤리를 잘 받는 것이 아닌가. 그래서 환이는 다른 아이들이 하자는 대로 하고 간식도 많이 사주는 친구가 되었다.

먼저 자신을 아는 것이 중요하다

사례 속 환이의 이야기를 듣고 있으면 왠지 마음에 걸리는 부분이 있습니다. 환이는 엄마가 말해준 대로 친구들에게 헌신적으로 행동했고, 친구들의 환심을 사기 위해 자신이 아끼는 것을 나눠주었습니다. 마치 『아낌없이 주는 나무』라는 동화가 생각날 정도로 말입니다.

그렇다면 이런 행동들을 통해 과연 환이는 진정한 친구를 사귀게 되었을까요? 안타깝게도 환이가 친구들을 사귀는 방법은 환심을 사는 데에만 그쳤습니다. 환이는 친구들과의 깊은 관계 맺기에 실패한 것입니다. 환이에게 관심을 보였던 친구들도 학년이 바뀌고 마음이 맞는 새친구가 생기면 언제든 환이를 두고 다른 친구를 선택할 것입니다.

결국 환이는 '불안한 관계 맺기'를 하고 있는 셈이죠. 이런 환이에게 친구와 갈등이 생기면 어떻게 될까요? 아마도 친구의 불편한 심기를 풀어주기 위해 무조건 자신을 희생하려고 할 것입니다. 이는 평등한 관계도 아닐뿐더러 건강한 관계도 아닙니다. 환이는 친구가 아니라 마치 상전을 모시는 하인처럼 행동하고 있거든요.

이런 관계를 지속한다면 환이는 어느 날 공허해질 것이고, 친구라는 존재가 지긋지긋하게 느껴질 것입니다. 그리고 자신만 희생한다는 생각해 억울해지고 화가 날 수도 있고요.

단기적으로는 친구들에게 인기를 얻는 것처럼 보일 수는 있지만 장기적으로는 파국으로 가는 관계라 할 수 있습니다. 이런 환이에게 가장 필요한 것은 무엇일까요?

그것은 자신을 먼저 잘 파악하는 것입니다. 자신이 무엇을 좋아하고 싫어하는지, 어떤 것을 할 때 즐겁고 행복한지를 정확히 알아야 자신과 비슷한 성향의 친구들을 찾아서 관계를 맺을 수 있습니다.

이것이 중요한 이유는 환이가 친구들과 단지 함께 놀이를 하는 사람을 원하는 것이 아니라, 자신의 마음을 이해해주고 알아주며 서로 교감하는 친구를 원하기 때문입니다.

환이가 진정 원하는 건 많은 친구가 아니라 단 한 명일지라도 자신의 감정을 솔직히 나누고, 서로 공유하며, 공감할 수 있는 친구가 아닐까요? 그런 친구 한 명이라면 환이는 오히려 공허하지도, 외롭지도 않을 것입니다.

~~~~~~

┌─────────────┐
│ 전문가의 한마디! │▷━━━━━━━━━━━━━━━━━━━━━━
└─────────────┘

● 무조건 희생하고 양보하는 것은 건강한 관계를 방해합니다. 자신의 욕구가 무엇인지 정확히 파악해 자신과 비슷한 친구를 사귀도록 도와주 세요.

우기기 대장이 된 우리 아이,
이렇게 대처하자

아이의 행동으로 인해 부모가 어떻게 느꼈을 것인지에 대해 끊임없이 이야기해야 합니다. 이것이 우리 아이가 관계 맺기 달인이 되기 위한 가장 확실하고 빠른 길입니다.

민우는 승부욕이 강한 아이다. 매사 자신이 이겨야만 직성이 풀리고, 혹시 게임에서 지기라도 하면 울고불고 난리가 난다. 민우는 친구들에게 자랑만 하고, 자신이 뭐든지 잘한다고 우기기만 하는 아이다.

어느 날에는 민우가 실수를 해서 우리반이 게임에서 지게 되었다. 그러자 친구들은 민우에게 "너 이거 잘한다며. 근데 이게 뭐야. 너 때문에 졌잖아"라고 했다. 그 얘기를 들은 민우는 흥분하면서 "니가 잘못해서 진 거거든? 내가 잘못한 거 아니거든?" 하며 오히려 적반하장으로 나갔다.

그런 민우를 보며 친구들은 화가 나고 짜증나서 민우와 다시는 놀지 않기로 했다. 민우는 늘 자신의 잘못은 인정하지 않고 다른 친구들 탓만 했다. 게다가 자신이 이기기 위해선 거짓말도 많이 하고 다른 친구를 방해하는 것도 스스럼없이 하니, 친구들은 민우가 꼴도 보기 싫었다. 민우랑 놀면 화가 나는 건 둘째치고서라도 불쾌한 마음이 들기 때문이었다.

더군다나 민우랑 게임하다 친구가 이기게 되면, 자신이 이길 때까지 계속 하자고 떼를 쓰거나 자기 맘대로 안 된다고 울기까지 하니 친구들은 민우가 마치 애기처럼 귀찮은 존재였다.

민우는 자아중심적인(ego-centrism) 성향을 보이고 있는데 이는 마치 어린 아이를 연상하게 하는 행동입니다. 어린 아이가 자기가 원하는 대로 안 되면 무조건 떼를 쓰는 것처럼 말이죠. 우리는 3~5세 어린 아이들에게서 민우와 같은 행동을 쉽게 찾아볼 수 있습니다.

어린 아이가 자기 장난감이 아닌데도 갖고 싶다며 떼를 쓰거나, 엄마에게 혼날까봐 거짓말을 하는 것처럼 말이죠. 이러한 민우의 행동은 학교를 들어오기 전에 유치원에서 졸업과 동시에 이미 끝마쳤어야 하는 행동입니다. 그러니 친구들이 민우를 이해하지 못하는 것은 매우 당연한 일입니다. 오히려 친구들 입장에서 민우는 이기적이고 자아중심적인 아이였을 것입니다.

민우와 같은 아이들은 점점 외톨이가 되는 경우가 많습니다. 아무리 친구들에게 같이 놀자고 하더라도 친구들은 슬금슬금 민우 같은 아이를 피할 것이기 때문이죠. 민우 같은 아이와 함께 노는 건 귀찮은 동생을 데리고 노는 것과 같은 느낌일 겁니다.

어르고 달래며 놀이를 해야만 한다면 친구들이 왜 민우와 놀려고 하겠습니까. 오히려 민우를 빼고 노는 것이 편할 텐데요.

자기만 보이는
아이의 자아중심성(ego-centrism)

민우처럼 자아중심적인 아이들은 주로 자기 자신에게만 초점이 맞춰져 있는 경우가 많습니다. 자기에게 너무 몰두한 나머지 다른 사람의 감정이나 행동에 대해 전혀 알아차리지 못하는 경우죠. 한마디로 상대방의 상호작용 신호를 전혀 알아차리지 못한 채 자신의 신호만 일방적으로 상대에게 쏘는 것을 말합니다.

이런 아이들은 대체로 다른 사람의 생각이나 느낌을 이해하는 능력이 떨어지는 경우가 많습니다. 이것은 바로 '조망수용 능력'이 떨어져서 나타나는 경우가 많습니다.

여기서 말하는 '조망수용 능력'은 자기의 입장이 아니라 다른 사람의 입장에서 이해하고 생각하며 공감할 줄 아는 것을 말합니다. 민우처럼 조망수용 능력이 부족한 아이들은 소위 '역지사지'가 잘 되지 않습니다.

그렇다면 왜 민우는 '조망수용 능력'이 떨어질까요? 이런 아이들은 주로 부모의 지나친 과잉보호로 인해 자기 욕구만 만족시키며 성장했을 가능성이 높습니다. 혹은 자신의 감정만 일방적으로 이야기하는 부모 밑에서 성장했을 수도 있고요. 일방적인 상호작용패턴에 익숙한 채 성장했다면, 다른 사람의 감정을 이해하고 알아차리는 연습이 전혀 이루어지지 않았다는 것을 말합니다.

결국 조망수용 능력이 학습되지 못한 것이죠. 조망수용 능력의 발달은 자신이 한 행동에 대해 다른 사람이 어떻게 느꼈는지 상대방의 반응이나 피드백을 통해 이루어집니다.

따라서 부모님들이 우리 아이의 사회성에 대해 가장 신경써야 할 점은 아이가 자신의 감정을 적절히 표현하도록 기회를 주는 것입니다. 그리고 아이의 행동으로 인해 부모가 어떻게 느꼈을지에 대해 끊임없이 이야기해야 하는 것이고요. 이것이 관계 맺기 달인이 되기 위한 가장 확실하고 빠른 길이라는 것을 잊지 말아야 합니다.

| 전문가의 한마디!

- I-message를 통한 감정표현 트레이닝이 조망수용 능력을 향상시킬 수 있습니다.
- 하루에 한번 감정표현을 주고받는 연습을 해보세요. 감정일기를 써도 좋습니다.

조망수용 능력이란
무엇인가?

조망수용 능력(social perspective-taking)은 아이가 타인의 입장에서 사건이나 사물을 이해하고 개념화하는 능력을 말합니다. 주로 자아중심성(ego-centrism)과 공감, 도덕적인 판단 등이 여기에 속합니다.

조망수용 능력은 타인의 사고와 의도를 조망하는 능력, 이렇게 2가지로 구분해서 볼 수 있습니다.

첫째, 타인조망 능력은 상황이나 사건에 대해 다른 사람이 가지고 있는 지식이나 생각과 믿음을 추론하고 이해하는 능력입니다. 둘째, 타인의도조망 능력은 사건에 대한 다른 사람의 행동에 대한 목적을 추론해 의도를 파악할 수 있는 능력입니다.

– 조망수용 능력이 잘 발달한 아이

타인의 생각이나 의도를 잘 파악하기 때문에 공감 능력이 좋고 배려심 있는 특성을 갖고 있습니다. 그래서 친구 관계에서 인기 있는 아이로 지목받는 경우가 많습니다.

– 조망수용 능력이 잘 발달하지 못한 아이

대체로 자아중심적인 사고를 강하게 하는 편이라서 타인의 생각과 행동을 제대로 이해하지 못하는 경우가 많습니다. 이런 아이들은 사건이나 사물에 대해 여러 측면을 보지 못하고 한쪽 측면만 보기 때문에 다양하게 고려하지 못하고 왜곡되거나 오류가 있는 의사소통을 하는 경우가 많습니다.

학교 가기 무섭다는 우리 아이, 이렇게 대처하자

최근 들어 학교에서 집단따돌림과 괴롭힘으로 인해 극단적으로 자살을 선택하는 경우를 우리는 뉴스를 통해 심심치 않게 듣습니다. 그러니 절대 쉽게 넘어갈 문제는 아닌 거죠.

아이의 연령이 증가하면서 여러 명의 친구보다는 한 사람과 깊은 우정을 나누려는 성향을 보입니다. 그래서 단짝이나 소그룹의 형태로 친구를 주로 만들게 됩니다. 이러한 깊은 우정을 나누는 친구는 부모에게조차 말하지 못하는 고민을 털어놓을 수 있는 대상이 됩니다.

그러나 이러한 깊은 우정을 나누기 위해선 가장 고급 기술이 필요하겠죠? 최근 상담실에 오는 친구들 중에는 그룹에 끼지 못하고 따돌림을 받아서 힘들어하는 아이들이 많습니다. 주로 같은 반 소그룹에 끼지 못하는 아이들이 대부분이죠.

집단따돌림의
가장 심각한 문제

이런 아이들은 주로 일대일 관계에서는 크게 문제를 나타내지 않지만 큰 집단 안에서 하위집단으로 나눠질 때 그 안으로 잘 끼지 못하는 경우가 많습니다.

주로 학교에서 '왕따'나 '은따(은근히 따돌린다)'라는 명칭으로 집단따돌림을 당하게 되는 경우가 대부분입니다. 심지어 반 전체나 학교 전체에서 공격적으로 따돌림을 당하는 경우도 있습니다.

이런 집단따돌림의 가장 심각한 문제는 따돌림을 당하는 친구가 극심한 불안과 심리적 트라우마를 겪게 된다는 것입니다. 게다가 매우 질이 안 좋은 형태의 괴롭힘에 오랫동안 노출된다는 것이 심각한 문제입니다.

이런 지속적인 괴롭힘에 노출된 아이들은 학대받은 가정에서 성장한 아이들처럼 자존감이 낮은 경우가 대부분입니다. 자기개념 역시 약해져서 불안이나 우울로 인해 정신병리적인 문제까지 이어질 수 있습니다.

최근 들어 학교에서 집단따돌림과 괴롭힘으로 인해 극단적으로 자살을 선택하는 경우를 우리는 뉴스를 통해 심심치 않게 듣습니다. 그러니 쉽게 넘어갈 문제는 아닌 거죠.

무엇보다 빠른 개입이
중요하다

수연이는 학교에서 친구들이랑 사이좋게 잘 지내는 편이다. 하지만 새 학기에 들어와서 자신과 친한 친구들은 모두 다른 반으로 배치되어 헤어지게 되었다. 그래서 수연이는 새로운 반에 들어가서 매우 절망하게 되었는데, 자신을 제외하고 모두 삼삼오오 모여서 벌써 무리지어 있는 것을 볼 수 있었기 때문이다.

수연이는 큰 소외감을 느꼈다. 시간이 지날수록 더욱 불안해졌고 이러다 외톨이로 지낼 것 같다는 생각에 적극적으로 친구를 사귀기로 마음먹었다. 그러나 수연이의 반 친구들은 같은 연예인을 좋아하는 그룹, 사진이나 그림을 좋아하는 취미가 있는 그룹, 외모에 관심이 많은 그룹 등 색깔이 너무 분명해서 수연이가 쉽게 그룹에 끼기가 어려웠다.

그러다 특정 연예인을 좋아하는 친구들 그룹에 들어가기 위해 그 연예인을 좋아하지도 않으면서도 좋아하는 척했다. 그래서 수연이는 그 연예인에 대해 공부하듯이 정보를 모았고, 그룹 내의 친구들에게 잘 보이려고 애썼다.

하지만 어느 날 수연이가 사실은 그 연예인을 좋아하지 않는다는 것이 알려지게 되었다. 그러자 친구들로부터 '가식적인 아이' '거짓말 하는 애' 등과 같은 비난을 받게 되었다. 그러면서 점차 반 전체 친구들에게 수연이는 '앞에서 하는 행동과 뒤에서 하는 행동이 다른 아이'로 낙인찍히게 되면서 은따를 당하게 되고 말았다.

수연이는 왜 거짓말까지 하면서 그룹에 속하려고 했을까요? 수연이는 새학기 첫날 자신이 반에서 살아남지 못할 것 같다는 큰 불안을 느꼈습니다. 쉬는 시간에도, 밥을 먹을 때도, 하물며 체육 시간이나 그룹 활동을 할 때에도 자신은 어디에도 속하지 못하는 외톨이인 것 같아 불안이 밀려온 것이죠.

자신이 친하게 생각하는 친구는 다른 반이었고, 이미 그 친구도 같은 반의 다른 친구들과 친해지자 자신이 더욱더 그룹 내에 속해야 한다는 조급함이 생겼던 것입니다. 수연이는 깊은 관계를 맺기보다 그저 혼자 있지 않기 위해 친구가 필요했던 거죠.

혼자 있는 것이 다른 사람 보기에 외톨이로 비쳐지는 게 견디기 힘들었던 수연이는 자신의 감정도 다른 친구들의 감정도 모두 배려하지 않았습니다. 그저 겉으로 보이는 것에만 관심을 두었습니다.

수연이는 자신의 가치를 스스로 찾지 못하고 다른 사람의 평가로부터 자신을 찾는 약한 아이였던 거죠. 그렇기에 스스로의 가치를 찾고 만들어내서 성장할 수 있는 기본 자양분이 부족했던 것입니다.

수연이와 같은 아이는 마치 어린 아이가 엄마의 웃는 표정을 보고 '아, 내가 웃고 있구나' 하고 느끼는 것처럼, 아주 초기 단계의 정서 상태에 머물러 있다고 볼 수 있습니다. 수연이 같은 아이들은 낮은 자아존중감으로 인해 다른 사람의 눈치를 많이 보고 불안해하는 경우가 많죠. 그렇기 때문에 금세 초조해지고 다른 사람의 평가에 민감한 모습을 보이게 됩니다.

특히 이런 경우 다른 사람으로부터 인정받고 사랑받기 위해 잘못된 행동을 하게 되는 경우가 많습니다. 그러니 부자연스러울 수밖에요. 수연이 역시 특정 연예인에 대해 좋아하지도 않으면서 좋아하는 척하기 위해 과장되게 거짓말을 하다 보니 더욱 친구들의 눈엔 가식적으로 보였던 것입니다. 첫 단추부터 잘못 끼워진 셈인 거죠.

전문가의 한마디!

● 집단따돌림에 노출되었을 때는 빠른 개입이 필요합니다. 집단따돌림은 개인이 해결하기 어려운 문제입니다.

● 괴롭히는 인원이 한두 명이 아니라 다수이면서 질이 나쁜 형태의 따돌림일 가능성이 높으므로 선생님, 학교경찰, 부모님에게 도움을 요청하도록 미리 알려주세요.

성장이 멈춘 듯한 우리 아이,
이렇게 대처하자

그저 예쁘고 자신의 품에만 있는 아이로 만들려는 부모의 지독한 이기심이 어쩌면 아이를 망치고 있는 것일 수 있습니다. 그것은 아이에게 달콤한 독약이 될 수 있습니다.

친구들은 현서랑 노는 게 싫다. 자기 고집만 피우고 자기가 원하는 대로 되지 않으면 소리를 지르며 선생님에게 쪼르르 달려가 이른다.

처음엔 선생님도 현서의 이야기를 듣고 이해해주려고 했으나 이르는 횟수가 점점 많아지자 "현서야, 친구들끼리 일어난 일을 선생님에게 하나하나 이야기하는 건 아니야. 친구들끼리 해결할 수 있는 건 서로 같이 이야기하는 게 좋을 것 같아"라고 이야기했다.

하지만 계속해서 현서는 친구들과 자신의 주장이 조금이라도 맞지 않으면 큰소리를 지르거나 씩씩거리며 달려와 마치 친구가 큰 잘못이라도 저지른 것처럼 이르는 행동을 계속 했다.

예주는 늘 자신이 엘사 역할만 하려고 했다. 친구들도 엘사를 하고 싶은데 예주가 혼자 엘사 역할을 독차지하니까 친구들은 "예주랑 안 놀 거야. 우리끼리 딴 거 하자" 하며 가버렸다.

예주는 자신이 공주처럼 예쁘기 때문에 엘사 역할을 하는 것은 당연하다고 여긴다. 그러니 친구들이 화내는 이유가 이해되지 않았다.

예주는 친구가 떠나가도 자신의 욕심을 버리지 않았다. 오히려 엄마에게 친구들이 자기랑 놀아주지 않는다며 툴툴거렸다.

성장을 멈춘 아이들, 어떻게 해야 하나?

어린이집에 가면 제멋대로인 독불장군 아이들을 많이 볼 수 있습니다. 그 아이들은 서로 자기가 원하는 것만 이야기하고 행동하기 때문에 어린이집 선생님은 이리저리 뛰어다니며 아이들을 중재하는 데 바쁩니다.

하지만 유치원을 거쳐 초등학교에 들어간 아이들은 유아독존 유형의 아이가 많지 않다는 것을 금방 알 수 있습니다. 왜냐하면 아이들이 어린이집과 유치원을 거치면서 자기마음대로 했을 때 부모님과 선생님으로부터 꾸중을 듣고 혼이 난다는 것을 이미 경험했기 때문이죠.

초등학교에 입학할 즈음부터 아이들은 어떻게 자신이 행동해야 하는지에 대해 학습하게 됩니다. 그리고 자신이 어떤 행동을 하면 어떤 결과가 뒤따르는 것인지 이제는 충분히 예측할 수 있습니다.

그렇기 때문에 더더욱 초등학교에서는 제멋대로 행동하는 아이들을 찾아보기 어려운 것입니다. 그럼에도 불구하고 여전히 왕자와 공주처럼 행동하는 아이들도 있습니다. 그렇다고 학교에서 그 아이들을 왕자와 공주로 대접해주지 않습니다. 당연히 문제가 생길 수밖에 없습니다.

위의 두 사례처럼 여전히 자신만을 봐주며 예뻐해주던 어린 시절에 머물러 있는 아이들이 있습니다. 그 아이들은 마치 성장하길 거부한 것처럼 행동을 하죠.

이때 부모가 변해야 합니다. 무조건적인 사랑을 주며 손과 발이 되어 움직여주었던 부모님은 이제 더 이상 없다는 것을 아이가 알도록 해야 합니다.

부모님은 아이가 성장하면 무엇이 옳고 그른지, 어떤 행동을 하면 되고 안 되는지를 구분할 수 있도록 알려줘야 합니다. 아이가 경계 없이 행동하는 것을 그저 바라보며 "언젠가 크면 다 알게 될 거야"라고 모른 척한다면, 그것은 부모로서 가장 최악의 돌봄을 하는 것입니다. 마치 아이에게 성장하지 말라고 하는 것과 같은 것입니다.

그저 예쁘고 자신의 품에만 있는 아이로 만들려는 부모의 지독한 이기심이 어쩌면 아이를 망치고 있는 것일 수 있습니다. 그것은 아이에게 달콤한 독약이 될 수 있습니다.

전문가의 한마디!

● 자아중심적인 것에 매몰된 아이는 성장을 멈춘 아이입니다.

● 하루속히 아이가 성장할 수 있도록 때와 장소, 대상에 따라 하면 되는 것과 안 되는 것을 알려주기 바랍니다.

예민하고 까다로운 우리 아이, 이렇게 대처하자

부모님은 자기를 표현하는 방법에 대한 롤모델이 되어야 합니다. 내 생각을 상대방이 오해하지 않도록 잘 전달하는 법, 그것이 이런 아이들에게 가장 필요한 일이기 때문이죠.

은수는 학교에 가면 말을 거의 하지 않는다. 주변을 살피거나 고개를 숙이고 있는 것이 고작이다. 간혹 친구들이 와서 말을 걸어도 시큰둥하게 대답을 하니 친구들은 은수가 자신들과 노는 것을 싫어한다고 생각한다.

은수는 자신의 자리에서 잘 움직이지도 않고 가만히 있으니 친구들은 은수를 더욱 다가가기 어려운 친구라고 생각하게 되었다. 어쩌다 친구들이랑 함께 무언가를 만드는 작업을 하다가 은수가 원하는 대로 잘 안 되면 갑자기 울어버리니 친구들은 은수를 피하는 게 더 낫겠다는 생각을 하게 되었다.

사실 은수는 자신만의 규칙이 있는 아이다. 그래서 함께 활동을 하더라도 자신만의 규칙대로 하지 않으면 그 상황이 매우 불편했다. 마치 자신은 규칙을 잘 지키려고 애쓰는데 다른 모든 친구들은 규칙을 어기는 것처럼 느껴졌기 때문에 은수는 언제나 속상했다.

그렇게 생각하다보니 은수는 다른 친구들이랑 놀거나 활동을 하면 자신이 피해를 받는 것 같이 느껴졌다.

표현하는 연습을
해보자

은수는 예민하고 까다로운 기질의 아이에 속합니다. 아무래도 익숙한 곳에서는 자기 마음대로 하거나 자기가 세운 규칙대로 할 수 있으니 마음이 편안할 수 있습니다. 하지만 그 반대의 경우에는 눈치도 많이 보고 자기표현도 잘 못해서 스트레스를 많이 받는 아이인 거죠.

이런 아이들은 적응하는 데 시간이 많이 걸립니다. 그래서 주변 친구들은 은수 같은 아이가 적응할 때까지 잘 기다려주지 못합니다.

오히려 은수에게 몇 번 말을 걸어보고 함께 놀다가 금세 은수의 곁을 떠나게 되는 경우가 많습니다. 은수 같은 아이들에게 있어서 적응은 매우 큰 고통의 시간이 될 수 있기 때문에 곧잘 움츠러드는 경우가 많습니다.

주변을 살피는 데 신경을 곤두세우다보니 아무래도 자신의 감정이나 생각을 적절히 표현하는 데 서툴고 날카롭게 반응하는 편이죠. 이런 아이들을 보면 부모님이나 선생님들은 배려를 하고 이해하려고 애쓰지만 정작 또래 친구들은 안 좋은 평가를 하는 경우가 많습니다. 그러다 보니 은수 같은 아이들은 점점 더 자기 표현에 서툴게 되는 악순환에 빠지게 되는 거죠.

은수에게 가장 필요한 것은 무엇일까요? 자신이 싫어하는 것과 불편한 것에 대해 솔직하지만 부드럽게 표현하는 방법을 터득하는 것입니다.

예를 들어 "나는 규칙대로 하는 것을 좋아해. 그렇지 않으면 재미가 없거든" 하고 말이죠. 게임을 하기 전에 미리 친구들에게 자신이 원하는 것을 말한다면 친구들은 이해해줄 것입니다.

또 "나는 우리가 놀고 나서 함께 정리하면 좋겠어. 그래야 다음에 또 재밌게 놀이를 할 수 있으니까"라는 식으로 자신의 생각을 먼저 이야기한다면, 친구들이 은수에 대해서 오해하는 일이 줄어들 것입니다.

부모가 아이의
롤모델이 되어야 한다

은수 같은 아이들의 부모님은 무엇보다 자기를 표현하는 방법에 대한 롤모델이 되어줘야 합니다. 자신의 생각을 상대방이 오해하지 않도록 잘 전달하는 법, 그것이 이런 아이들에게 가장 필요한 일이기 때문이죠.

자기를 잘 표현하려면 어떻게 해야 할까요? 우선 자신이 느끼는 감정에 대해서 잘 알아야 합니다. 그리고 나서 상대방이 공격이나 비난이라고 생각하지 않도록 자신의 감정에 초점을 맞춰 이야기해야 하는 것이죠.

대표적인 방법으로는 'I-message'가 있습니다. "나는 ~"이라는 형식으로 시작하면 상대방이 비난이라고 여기지 않으므로 크게 무리가 없는 방법이라 할 수 있습니다.

이때 주의해야 할 점은 절대 "너는 ~"이라는 식의 이야기를 시작하면 안 된다는 것입니다. 왜냐하면 '너'라고 말을 시작할 땐 주로 상대방을 지적하거나 비난하는 형태의 말로 자연스럽게 이어지기 때문입니다.

이런 방법을 터득했다면 그다음에 배워야 하는 것은 무엇일까요? 자신이 원하는 것을 이야기하는 것입니다. 자신의 감정만 일방적으로 쏟아내면 상대방은 그것을 수용하든지 거부하든지 결론을 내려야 하기 때문에, 마치 판단적인 위치를 강요받았다고 느낄 수 있습니다. 그렇기 때문에 자신의 감정은 어떤지에 대해 I-message로 표현한 다음에는 꼭 자신이 어떻게 하면 좋을지에 대해서도 이야기를 해야 합니다. 그래야 상대방과 의견을 맞춰볼 수 있으니까요.

이러한 흐름이 일상생활에서 자연스럽게 흘러나오기 위해서는 부모님의 도움이 절실히 필요합니다. 평상시 집에서 이런 패턴의 대화를 꾸준히 해온다면 아이는 집 밖에서 매우 자연스럽게 자신의 감정을 잘 표현할 수 있을 것입니다.

전문가의 한마디!

- 자신이 원하는 것에 대해 친구들에게 미리 표현하도록 연습해야 합니다. 그래야 친구들 사이에서 오해가 생기지 않거든요.
- 부모님이 먼저 아이에게 "나는 ~"이라는 형식의 대화체를 자주 사용하는 모습을 보여주세요. 그래야 아이가 따라할 수 있어요.

괜찮아, 괜찮아,
그래도 괜찮아!

────

그것은 두려워서 숨는 행동입니다. 그만큼 관계가 아팠고 상처가 됐다는 표시인 거죠. 하지만 숨었다 다시 나온다 한들 저절로 변화되어 있는 것은 없습니다.

지금껏 여러 사례들을 통해 '관계'의 문제를 살펴보았습니다. 크고 작게 부딪히는 일들이 우리 아이들에게 얼마나 상처가 되었는지 가늠해볼 수 있는 시간이었습니다. 사회는 마치 아이들에게 전쟁터와 같은 곳처럼 느껴졌을지도 모르겠습니다.

사실 사람과 사람의 만남이 좋을 때는 세상의 둘도 없는 천국이 될 수 있지만, 그 만남이 나쁠 때는 그 어디서 볼 수 없을 정도의 지옥이 됩니다. 자신을 믿어주는 단 한 사람만 있어도 이 세상의 어떤 어려움도 헤쳐 나갈 수 있다는 말이 떠오릅니다. 우리 아이에게 그 한 사람이 되어주기 위해 이렇게 애쓰고 있는 것인지도 모르겠습니다.

이것이 바로 사회성을 키우기 위한 목적이 아닐까요? 하지만 '진실한 관계'를 만들기 위해 얼마나 많은 시행착오를 겪어야 하는지 우리는 지금까지 보아왔습니다. 걸음마를 위해 수십 번의 엉덩방아를 찧어야만 했던 아이처럼 말이죠. '관계'는 저절로 이루어지는 것도 아니며, 어느 날 갑자기 짠 하고 나타나는 것도 아닙니다.

자신을 알아가는 과정, 다른 사람을 이해하려고 하는 노력, 서로 주고받는 사인(sign)에 대해 민감하게 반응하는 행동력, 더욱이 그 밑바탕에 안정적인 부모와의 관계가 모두 합해서 '관계'라는 열매를 만들게 되는 것입니다.

관계 때문에
숨지 말자

그렇다면 안정적인 애착도 하지 못한 아이는 더 이상 긍정적인 관계를 맺지 못하게 되는 걸까요? 부모와의 관계에서 실패했다면, 친구관계에서 따돌림을 당했다면, 이제 더 이상 관계 맺기는 성공적일 수 없는 걸까요?

결론부터 말하자면 그렇지 않습니다. 아이는 부모를 만나고, 일

가친척을 만나고, 친구를 만나고, 사회에서 동료를 만나며 사랑하는 사람을 만나 가정을 꾸립니다. 그 속에서 자신의 아이를 낳으며 또 새로운 국면의 관계를 맺죠. 관계는 일생동안 쉼 없이 이루어집니다. 이들 중 하나라도 저절로 이루어지는 관계는 없습니다.

하물며 부모자식과의 관계에서도 소위 말하는 지지고 볶는 과정을 겪어야만 더욱 끈끈하게 관계를 유지할 수 있는 것처럼 말이죠. 그러니 절대로 늦은 것이 아니라고 강조하고 싶습니다.

지금 시작하면 됩니다. 어떤 사람은 예전에 상처받은 관계로 인해 스스로 바리케이드를 치고 고립되려고 하는 경우가 있습니다. 하지만 그것은 두려워서 숨는 행동입니다. 그만큼 관계가 아팠고 상처가 됐다는 표시인 거죠. 하지만 숨었다 다시 나온다 한들 저절로 변화되어 있는 것은 없습니다. 그저 그대로 변하지 않는 괴로움이 연속될 뿐입니다. 그러니 뒤를 돌아볼 필요도 없고, 앞을 걱정해서 미리부터 겁먹을 필요도 없습니다. 그저 지금 할 수 있는 것부터 시작하면 됩니다.

전문가의 한마디!

● 관계 맺기를 두려워해 숨지만 마세요.
● 지금의 관계가 마지막 관계 맺기는 아니라는 사실을 기억하세요.

그럼 우리,
이렇게 해보자!

———

먼저 다가가 인사를 하고 호감을 보이면 됩니다. 자신을 먼저 표현한 친구에게 싫다고 핀잔을 주진 않을 겁니다. 자신을 먼저 표현하면 상대방 역시 자신을 표현할 것입니다.

'관계'에서 중요한 것은 새롭게 맺은 관계를 계속 이어갈 수 있는 능력이 있느냐 없느냐에 달려 있습니다. 어떤 아이는 친구를 잘 사귀고, 낯선 곳에서도 쉽게 잘 적응합니다. 그러나 새롭게 만난 친구들과 갈등이 생기면 금세 다른 친구들로 방향을 틀어 새로운 관계만 맺으려고 합니다.

이런 아이들은 관계를 지속적으로 유지하는 것이 어렵기 때문에 그렇습니다. 주변에 사람은 많아 보이지만 정작 자신이 마음을 터놓고 이야기할만한 사람이 없는 것이죠.

이런 아이들은 싫은 소리를 주고받으며 문제를 해결하려고 부딪치기보다 그 상황을 벗어나서 즐거운 곳에만 머물러 있기를 바라는 경우가 많습니다. 어렵고 복잡한 것을 꺼리고 쉽게 해결되는 것에만 매달리는 거죠.

이런 아이들은 좌절과 고통을 감내하지 못합니다. 우리가 산을 오르다보면 '껄떡고개'라는 것을 만나게 됩니다. 이 지점에서는 모든 사람이 산의 정상에 가기 전에 숨이 차오르고 헐떡거리기 때문이죠. 필자 역시 '껄떡고개' 앞에서 헉헉 거리며 산의 정상을 올라가야 할지 말아야 할지 고민했던 적이 있습니다.

관계에서의 갈등도 이와 비슷합니다. 산의 정상에 오르기 전 '껄떡고개'를 만난 것처럼 관계에서도 갈등을 만나면 고민을 하게 됩니다. 마치 '껄떡고개' 앞에서 산 정상에 올라 야호를 외칠 것인지 아니면 다시 산 밑으로 내려갈 것이지를 고민하는 것처럼 말이죠.

이 책을 읽는 분들은 적어도 포기하지 않길 바랍니다. 우리 아이가 관계에서 '껄떡고개'를 만나더라도 그 지점을 지나 정상에서 "야호"를 외치길 바라는 마음으로 아이의 사회성을 위해 포기하지 않기를 바랍니다.

다름을 인정하는
자세가 중요하다

관계를 잘 유지하지 못하는 아이들은 다른 친구들을 잘 수용하지 못합니다. 다른 친구들의 생각이나 행동, 감정 등을 이해하지 못하기 때문이죠. 이는 다른 사람이 모두 자신과 동일한 생각과 감정, 행동을 하길 바라는 마음이 그 바탕에 깔려 있기 때문입니다.

다른 친구가 나와 같지 않다고 해서 틀린 것도 아니고, 나와 같지 않다고 해서 나를 이해해주지 못하는 것도 아닌데 말이죠. 친구가 자신과 다른 생각을 하더라도 나를 수용해줄 수 있다는 믿음과 신뢰를 갖는 것이 무엇보다도 중요합니다. 친구가 자신과 같은 감정을 느끼지 않는다고 해서 거부당하는 것이 아니라는 것을 아는 것이죠.

이런 두려움은 결국 자신과 똑같은 사람하고만 관계를 맺어야 된다는 잘못된 신념으로 향합니다. 나와 똑같은 생각을 한다고 하는 사람도 시간이 지나면 나와 정말 다른 부분을 발견하게 되기 마련입니다. 세상에 완전히 자신과 같은 사람은 없습니다. 하물며 부모도 형제·자매, 쌍둥이조차 말이죠.

그러니 나와 같은 사람을 찾으려 하는 것은 어쩌면 허황된 꿈일 수도 있습니다. 나와 다르다고 거리를 두지 마세요. 먼저 자신과 다른 생각을 가진 친구의 이야기를 듣는 것부터 시도해보세요. 어쩌면 처음엔 자신과 다른 생각을 하는 친구라고 생각했는데, 얘기를 듣다보니 공통된 부분을 찾을 수도 있습니다. 처음에는 허무맹랑하고 말도 안 된다고 생각했던 이야기가 점차 이해가 되고 수긍이 되는 경험을 하게 될 수도 있습니다.

단편적으로 사람과의 짧은 만남이 상대의 모든 것을 설명해줄 수 없듯이 오랫동안 유지한 관계에서는 지금껏 경험하지 못한 새로운 세계가 펼쳐질 수 있습니다. 이제 마음껏 관계의 지평을 열어보기 바랍니다.

먼저 다가가 인사를 하고 호감을 보인다면 누구나 거부하지 못할 것입니다. 자신을 한껏 표현한 친구에게 싫다고 핀잔을 주는 사람은 없습니다. 자신을 먼저 표현하면 상대방 역시 자신을 소개하고 표현할 것입니다.

그렇게 서로 이야기하다보면 둘이 통하는 지점을 찾게 될 것입니다. 그때 서로에게 준 신호가 자신에게 어떤 영향을 주는지에 대해 반응하면 되는 것입니다. 시그널은 남녀 사이에서만 주고받는 것이 아닙니다. 서로가 서로에게 주는 정서적 시그널을 통해 긍정적인 감정을 극대화하고 부정적인 감정을 최소화하면서, 그렇게 관계를 유지하면 됩니다.

크고 작은 일들을 겪고 시간이 흐르면서 동지애를 느낄 정도로 여러 고비를 넘게 되면, 함께한 친구들은 자연스럽게 그 누구도 깨지 못할 정도의 단단한 '관계'로 발전되어 있을 것입니다.

관계는 저절로 유지되는 것이 아니라 시간과 정성이 맞물려 이루어지는 것입니다. 그러니 쉽게 판단을 내리고 결론을 내릴 필요는 없습니다.

전문가의 한마디!

● 친밀한 관계를 유지하지 못하고 새로운 관계만 맺는다면 사회성이 부족한 것입니다. 양보다 질적인 관계 맺기에 집중하세요.
● 다른 사람과의 다름을 인정하고 수용할 수 있다면 당신은 사회성의 달인이 될 수 있습니다.

이제 변화를
마음껏 즐겨봐!

———

아이가 보고 있는 엄마와 아빠는 지금 충분히 멋집니다. 그러니 제발 일방적인 설명 따위는 내려놓고 아이와 함께 무엇이든 시도해보길 바랍니다.

처음에 하는 건 무엇이든 어렵고 힘이 듭니다. 새로움이 주는 신선함은 금세 사라지고, 새로운 것이 익숙해질 때까지는 견뎌야 하는 것들이 더 많은 법이니까요.

하지만 시도해 보는 건 손해가 아닙니다. 그러니 마음껏 시도해보시길 바랍니다. 엄마도 아이도.

아이들은 엄마가 새로운 것을 향해 등 떠밀면 원망하는 경우가 많죠. 하지만 엄마가 등 떠밀지 않았다면 아마도 아이는 그 자리에 서서 아무것도 하지 못하고 있었을 것입니다. 물론 등을 떠밀때는 그곳이 안전한지 아닌지를 먼저 확인해야 합니다.

아이가 할 수 있을 만한 것인지 먼저 확인한 후에 엄마는 아이를 격려해야 합니다. 넌 할 수 있다고!

이때 가장 염두에 두어야 할 것은 작은 것부터 시작하는 것입니다. 아이가 성공경험을 쌓을 수 있는 것부터 시작해야 다음에 또 해볼 만한 여력이 생기게 되니까요.

간혹 의욕이 앞선 부모님들께서 너무 큰 허들을 주며 아이에게 넘어보라고 하는 경우가 있습니다. 이는 아이에게 혹독한 실패의 좌절을 경험하게 하는 것입니다. 아이에게 다시는 그 허들을 넘지 말라고 하는 것이나 다름없습니다.

그러므로 부모가 무언가를 시도해보도록 독려할 때는, 아이가 시작하는 데 부담이 없을 정도의 작은 것부터 시작하는 것이 좋습니다. 아이가 성공의 참맛을 본다면 그 다음부터는 주저하는 일이 점차 줄어들 것입니다.

거기에 더해서 아이가 시도한 것만으로도 용기 있는 일이라는 부모의 지지가 뒷받침된다면, 아이는 설사 실패하더라도 '그까짓거 다시 한 번 해보지' 하는 마음으로 다시 도전할 수 있게 될 것입니다.

관계에서도 마찬가지입니다. 이러한 과정은 처음 무언가를 할 때 공통된 마음입니다. 물론 그 시작이 아이가 호기심을 갖고 좋아할 만한 것에서부터 시작하면 더욱 금상첨화겠죠.

만능 치트키는
바로 놀이다

아주 어린 아이들인 경우 놀이를 적극 활용해보라고 추천하고 싶습니다. 그 어떤 것도 놀이에서는 위협적이지 않고 안전하기 때문이죠. 놀이는 무엇이든 가능하며, 자신이 주인공이 되어 어떤 것도 다 허용되거든요.

더군다나 아이 마음대로 할 수 있는 전지전능감까지 주는데 마다할 아이가 있을까요? 부모님이 놀이를 통해 아이에게 관계 맺기에 대해 연습하도록 안내한다면, 그건 성공의 지름길이라 단언할 수 있습니다.

하지만 앞서도 이야기했듯이 놀이에서는 주의사항이 있다는 것을 잊지 말아야 합니다. 절대 부모가 이끌어서는 안 된다는 것 말이죠.

부모가 아무리 관계 맺기 연습이라는 좋은 의도를 갖고 놀이를 하자고 했더라도 아이가 흥미를 보이지 않는다면 그건 도움이 되지 않습니다. 놀이의 주인공은 아이라는 것, 그것이 가장 중요한 핵심입니다. 따라서 아이가 주도하고 아이의 방향대로 부모는 따라가야 하는 것입니다.

다만 놀이에서 아이가 부모에게 무언가를 시키고, 아이는 자신이 원하는 대로 하라고 부모에게 명령할 수 있습니다. 그 순간을 잘 활용해보세요.

부모가 아이에게 "나도 저거 하고 싶은데, 그거 해도 돼?"라든지 "나 그거 하고 싶었는데, 네가 먼저 얘기해줘서 고마워"라며 긍정적인 상호작용의 예를 자연스럽게 보여주세요. 그렇게 할 수 있다면 놀이에서 관계에 대한 학습 효과는 훌륭하다고 할 수 있습니다.

놀이는 아이의 판타지 세상입니다. 놀이라는 판타지 세상에서 아이의 초대로 부모는 관계를 시작할 수 있습니다.

그러니 자연스럽게 판타지 안에서 부모가 놀이를 하면서 느끼는 감정과 생각을 자연스럽게 표현해야 합니다. 그러면 아이는 부모의 표현을 공격적으로 받아들이지 않고 안전하게 수용하게 될 것입니다. 그리고 부모님과의 놀이가 마치 예행연습처럼 되어서 다른 친구들과의 놀이에서 그 진가가 분명히 발휘될 것입니다.

학습은 일방적이지만 놀이는 상호적인 것입니다. 놀이를 통해서는 그 어떤 것도 가능해지는 마법의 힘이 있으니 위에서 언급했던 것처럼, 아이가 좋아할 만하고 잘할 수 있는 놀이를 통해 관계 맺기를 시도해보세요. 반드시 성공할 것입니다.

부모도 자주 실수하는
보통 사람일 뿐이다

아이에게 부모 역시 관계에 대한 실패의 두려움이 있다는 것을 전달해야 합니다. 아이는 자신만 늘 실패하고 못하는 것처럼 생각합니다.

부모는 무엇이든 잘해내는데 자신만 문제투성이처럼 느끼죠. 자신이 어려움에 처하면 달려와서 도와주고 해결해주는 건 언제나 부모였기 때문에 부모는 만능이라 생각합니다. 그래서 부모 옆에서 아이는 더욱 초라해지는 것이죠.

부모님 역시 아이처럼 실패했던 적이 있고, 무언가 시작하기 전에 걱정을 많이 할 수 있다는 것을 아이와 이야기해야 합니다. 아이에게 이렇게 말해야 합니다.

"엄마도 새로운 곳에 가면 떨려. 그래서 어렸을 때 새학년이 되면 얼마나 긴장했는지 몰라."

"친구들이랑 싸우면 속상하지. 엄마도 그래. 엄마도 아빠를 사랑하지만 아빠랑 생각이 달라서 다툼을 할 때가 있어. 하지만 다툼이 있다고 엄마랑 아빠가 서로 미워하지는 않아."

이러한 이야기는 아이에게 '부모도 자신과 똑같은 걱정을 하는 사람이구나' 하고 느낄 수 있게 만들어줍니다. 그러면 아이는 자신의 감정이 틀리거나 이상한 게 아니라는 것을 받아들이게 되는 것이죠. 이렇듯 부모님은 아이에게 부정적인 감정이 잘못된 것이 아님을 자연스럽게 수용할 수 있도록 알려줘야 합니다.

게다가 엄마와 아빠가 자신의 경험을 솔직하게 이야기하면서 자신과 같은 실패경험을 이야기한다면 아이는 금세 우울한 마음을 회복하고 다시 용기를 낼 것입니다. 이런 엄마와 아빠의 고백은 아이에게 있어서 공감을 넘어서 앞으로 관계에 대한 어려움이 있더라도 다음에 잘 해결되리라는 믿음을 주는 데 큰 몫을 하게 됩니다.

아이가 보고 있는 엄마와 아빠는 지금 충분히 멋집니다. 그러니 제발 일방적인 설명 따위는 내려놓고 아이와 함께 무엇이든 시도해보길 바랍니다. (이 책의 각 장마다 있는 활동지가 도움이 될 거라 생각됩니다.)

┌──────────────┐
│ 전문가의 한마디! │
└──────────────┘

- 아이에게 있어서 작지만 성공 가능성이 큰 것부터 시도해볼 수 있도록 도와주세요.
- 실패의 두려움이 없는 안전한 놀이를 통해 마음껏 연습해보세요.

또래관계에서의
우정과 해결 능력

눈치게임
상황파악 능력과 대처 능력 증진하기

- 활동 목표: 상황파악 능력과 대처 능력이 증진된다.
- 준비물: 안대
- 활동 방법: ① 둥글게 모여 앉는다.

  ② 한 명의 술래를 정하여 안대를 쓰도록 한다.

  ③ 술래가 안대를 쓰고 있는 동안, 다른 가족들은 행동을 시작할 사람을 지목한다.

  ④ 술래가 안대를 벗으면 지목된 사람이 술래가 눈치채지 못하게 행동을 보이고, 다른 사람들이 그 행동을 따라 한다.

  ⑤ 술래가 행동을 시작한 사람(지목된 사람)을 맞추게 되면 누구로 인해 맞추게 되었는지 설명하고 술래가 대상을 맞추는 데 힌트를 준 사람이 술래가 된다.

관계 테스트

갈등상황을 몸으로 풀어보는 경험을 해봄으로써
문제해결 능력 향상하기

- 활동 목표: 갈등 상황을 몸으로 풀어보는 경험을 해봄으로써 문제해결 능
  력이 향상된다.
- 준비물: 없음
- 활동 방법: ① 모두 둥글게 모여 서서 "관계테스트"노래에 맞춰 양팔을
  움직이다 노래가 끝나면 팔을 X자로 엇갈리게 하여 양옆 사
  람의 손을 잡는다.
  ② 손을 잡고 있는 상태에서 한 사람씩 몸을 돌며 꼬인 팔을
  푼다.
  ③ 모두 엉킨 팔이 풀리면 두 사람이 잡은 손을 올려 문이 되어
  주고 나머지 사람들이 손을 잡고 있는 상태로 두 사람의 팔
  아래로 지나간다.
  ④ 모두가 문을 통과하고 나면 모두가 서로를 마주보는 원 모양
  을 이룬다.
- 주의: 아동이 활동을 하는 동안 뒤로 넘어지거나 팔을 다치지 않도록 주의
  를 기울인다.

컵 쌓기 놀이

컵 쌓기를 통해 상황파악에 맞는 힘 조절 능력과
협동심 쌓기

- 활동 목표: 협동심과 상황파악 능력 및 대처 능력이 증진된다.
- 준비물: 노란색 종이컵 10개, 빨간색 종이컵 10개, 3개 또는 4개의 털실이
  묶인 고무줄 2개

• 활동 방법: ① 노란색 팀과 빨간색 팀으로 편을 나눈다.
　　　　　 ② 한 팀당 종이컵 10개와 털실이 묶인 고무줄을 하나씩 가
　　　　　　　진다.
　　　　　 ③ 팀원들은 고무줄에 묶인 털실을 하나씩 잡아 고무줄을 늘였
　　　　　　　다 오므렸다 하며 놓인 종이컵을 하나씩 옮겨 피라미드를 만
　　　　　　　든다.
　　　　　 ④ 피라미드를 다 쌓았다면 다시 하나씩 옮겨 한자리에 종이컵
　　　　　　　을 쌓는다.

몽타주 퍼즐 게임

갈등 상황을 몸으로 풀어보는 경험을 해봄으로써
문제해결 능력 향상시키기

• 활동 목표: 부분을 전체로 통합하는 문제해결 능력이 향상되며 좌절을 극
　　　　　 복하고 끝까지 완성하는 경험을 통해 자존감이 키워진다.
• 준비물: 몽타주 퍼즐, 몽타주 원본
• 활동 방법: ① 한 명이 인물을 선택하고 인물의 원본을 10초간 다른 가족
　　　　　　　들에게 보여준다.
　　　　　 ② 가족이 다 같이 해당 인물의 얼굴과 눈, 코, 입을 찾아 붙
　　　　　　　인다.

■ **독자 여러분의 소중한 원고를 기다립니다**

메이트북스는 독자 여러분의 소중한 원고를 기다리고 있습니다. 집필을 끝냈거나 집필중인 원고가 있으신 분은 khg0109@hanmail.net으로 원고의 간단한 기획의도와 개요, 연락처 등과 함께 보내주시면 최대한 빨리 검토한 후에 연락드리겠습니다. 머뭇거리지 마시고 언제라도 메이트북스의 문을 두드리시면 반갑게 맞이하겠습니다.

■ **메이트북스 SNS는 보물창고입니다**

메이트북스 홈페이지 www.matebooks.co.kr

책에 대한 칼럼 및 신간정보, 베스트셀러 및 스테디셀러 정보뿐만 아니라 저자의 인터뷰 및 책 소개 동영상을 보실 수 있습니다.

메이트북스 유튜브 bit.ly/2qXrcUb

활발하게 업로드되는 저자의 인터뷰, 책 소개 동영상을 통해 책에서는 접할 수 없었던 입체적인 정보들을 경험하실 수 있습니다.

메이트북스 블로그 blog.naver.com/1n1media

1분 전문가 칼럼, 화제의 책, 화제의 동영상 등 독자 여러분을 위해 다양한 콘텐츠를 매일 올리고 있습니다.

메이트북스 네이버 포스트 post.naver.com/1n1media

도서 내용을 재구성해 만든 블로그형, 카드뉴스형 포스트를 통해 유익하고 통찰력 있는 정보들을 경험하실 수 있습니다.

STEP 1. 네이버 검색창 옆의 카메라 모양 아이콘을 누르세요. STEP 2. 스마트렌즈를 통해 각 QR코드를 스캔하시면 됩니다.
STEP 3. 팝업창을 누르시면 메이트북스의 SNS가 나옵니다.